Erhart Kästner, geboren am 13. 3. 1904 in Augsburg, ist am 3. 2. 1974 in Staufen gestorben. Erhart Kästner studierte in Leipzig, Freiburg und Kiel, wurde 1927 Bibliothekar an der Landesbibliothek im Japanischen Palais zu Dresden und dort Leiter der Handschriften-Sammlung und der Sammlung bibliophiler Kostbarkeiten. Von 1936 bis 1938 war er Sekretär bei Gerhart Hauptmann. Nach sieben Jahren Krieg und Kriegsgefangenschaft wurde er als Direktor der Herzog-August-Bibliothek zu Wolfenbüttel berufen, der berühmten Bibliothek von Leibniz und Lessing. Er leitete sie achtzehn Jahre lang.

Erhart Kästners Werke im Insel Verlag: Zeltbuch von Tumilad (1949), Ölberge, Weinberge. Ein Griechenlandbuch (1953), Die Stundentrommel vom heiligen Berg Athos (1956), Die Lerchenschule. Aufzeichnungen von der Insel Delos (1964), Aufstand der Dinge. Byzantinische Aufzeichnungen (1973), Kreta (1975), Griechische Inseln (1975). Im Suhrkamp Verlag erschien: Offener Brief an die Königin von Griechenland. Beschreibungen, Bewunderungen (1973).

»Griechische Inseln« ist eine bisher nicht veröffentlichte Arbeit Erhart Kästners, aus der Zeit seines Griechenlandaufenthaltes während des Krieges.

Der Autor war von Natur ein Wanderer, und in allen seinen Werken blieb Griechenland das Urthema, das er immer wieder neu vertiefend umkreiste.

insel taschenbuch 118
Erhart Kästner
Griechische Inseln
1944

ERHART KÄSTNER
GRIECHISCHE
INSELN
1944

INSEL

Mit einem Nachwort von Heinrich Gremmels
Foto des Umschlags mit freundlicher Genehmigung
von Heinz Finke

insel taschenbuch 118
1. Auflage 1975
Erstausgabe
© Insel Verlag Frankfurt am Main 1975
Alle Rechte vorbehalten
Vertrieb durch den Suhrkamp Taschenbuch Verlag
Umschlag nach Entwürfen von Willy Fleckhaus
Satz: Libripresse, Kriftel · Druck: Ebner, Ulm
Printed in Germany

GRIECHISCHE INSELN
1944

Pax in bello

Die Helle vor Tag nahm zu, die Sterne blieben aus, einer nach dem andern. In der Bucht von Phaleron lag das Meer in Glätte purpurfahl.
Das Wellenlose war für den Aufflug unseres kleinen Flügelpferdes nicht gut. Die Schwimmer schienen am leblosen Spiegel zu kleben, das Wasser ließ uns nicht los.

Der Pilot neben mir schrie etwas. Ich verstand es nicht, es war wohl ein Fluch. Sein blonder Schopf über der gelben Schwimmweste war gesträubt wie ein Hahnenkamm.
Wir kreuzten nun schon zum vierten Mal übers Wasser, hin und zurück. Noch immer sah ich in der Dämmerung über den rechten Flügel hinweg, wie der Schwimmer drunten eine Gischtwelle aufritzte. Wir waren noch nicht in der Luft.
»Das alte Leiden!« schrie er mir zu. Mir war es neu. Noch ein Versuch. Wir rasten jetzt auf die Uferhäuser von Phaleron zu. Es war nicht mehr viel Strecke da. Mit einem Mal kam von unten ein hartkleiner Wellenstoß, dann abermals einer. Wir gerieten ins Springen. Es war als würfe das Meer uns empor, wie man den Käfer, wenn er die Flügel lüpft, zum Flug abwirft von der flachen Hand. Ein viertes und fünftes Stoßen: da verschwand drunten vom Schwimmer die Gischt. Wir waren ledig und frei. Knapp kamen wir über die Dächer am Ufer hinweg.

Da sah ich nach Osten. Wahrhaftig, in diesem Augenblick, fuhr in der Senke zwischen Hymettos und dem Pentelikon das Sonnenfeuerrund aus der attischen Ebene empor. Glühroter Schein floß über die Welt.
Es war, als hätte der erste Strahl uns den Aufflug gewährt. Ich nahm es als glücklich befeuerndes Zeichen. Mich durchrann unbeschreibliche Hoffnung und Seligkeit.
Lesbos liegt im Nordosten Athens. Es war die Richtung des Sonnenaufgangs. Der Lichtball, der mit einem Mal hoch über dem Horizont hing, war uns etwas seitlich zur Linken.
Als das attische Festland hinter uns lag, dehnte das Meer ohne Grenzen sich vor und unter uns aus. Es war von Millionen Wellchen geriffelt, die in exakten Reihen marschierten: eine zarte Gravur, wie Geschmeide. Die Sonne spann eine Glitzerstraße gegen uns her. Der Himmel, zartblau und ohne einzige Wolke, schien aus demselben Stoffe gemacht wie das Meer: eine makellos blaue Schale über etwas dunkler hingegossenem Blau. Ein erzenes Becken, das wir erfüllten mit dem Posaunenschall unseres Gedröhns.

Wenns möglich wäre, dachte ich, an das blaue Gewölb da droben mit dem Finger zu rühren: es müßte erklingen in hellem summenden Ton wie eine gläserne Schale.
Wie rein war die alte, befleckte Welt. Selig, dachte ich, wer in so einer Stunde stirbt.
Euboia übersprangen wir wie eine Hürde. Dann kam nichts als Himmel und Meer.

Jetzt stürmten wir geraden Wegs in die Sonne hinein als in ein glühendes Tor.
Wir flogen nur wenige Meter über dem Wasser.
Es war ein beispielloser Ritt übers Aigaische Meer.
Ein Sonnenritt.
Von fünfhundert Pferden gezogen rasten wir gegen den Aufgang des Lichts.
Im immer zunehmenden Gestöber der Helle bekam das Meer einen bleiern schwärzlichen, schwerflüssigen Glanz. Die Wellenriffeln gaben ihm eine Narbung, so wie sie Tierhaut und edles Leder besitzt. Wo aber die Sonnenstraße ihren Funkensturm herwälzte, schien es wie metallen geprägt.

Das Goldene Vlies.
Auf einmal, offenbar ohne Grund, zog der Pilot das Steuer an sich. Der Zaubervogel bäumte sich auf, die Sonne schien unterzugehn. Wir fuhren dem Himmel entgegen. Der Hebel rückte wieder nach vorn, ich spürte ein Ziehen im ganzen Leib: die Welt stürzte uns entgegen. Dann flogen wir wieder geradehin.
Ich beugte mich hinüber, schüttelte fragend den Kopf und rief: »Was war?«
Er zuckte die Achseln und lachte: »Bloß so! Ist so stur!«
»Mach noch einmal!«
Wir sprangen zum zweiten Male.
Was mich in dieser Stunde des Aufflugs, dieses Feuerrittes über das aigaische Meer beseelte, in dieser

Stunde, in der ich begann, die griechischen Inseln zu sehen, einige, mehrere, nach und nach viele vielleicht, wenn es glückte, — zu sehen, zu grüßen und auf ihnen zu stehn, was mich erfüllte an Hoffnung und Glück, das schien mir in diesem Einfall, in diesen zwei Sonnensprüngen gedichtet.

Auf denn, rief ich mir zu. Der Archipelagos ist wirklich und da! Träume sind wirklich zu finden!

Lesbos, liederumsungen von Sappho, Chios, Heimstatt Homers! Samos, in dessen Tälerfalten die Lieder Anakreons schallten! Heliosinsel, rosenblütiges Rhodos! Patmos, so offenbarungsreich! Paros, grün überm Marmorweiß, Naxos, Geheg der Ariadne und des Allösers Dionysos Reich! Ithaka, Heimat seit Knabentagen, laß dich erblicken, so wie du bist, Kythera, die Aphrodite gebar und Delos, Ausbruch des göttlichen Lichts: wie ist es möglich, daß wir vergaßen, daß es euch gibt in der wirklichen Welt? daß man zu euch gelangen kann, als wäre es nichts? während ihr daliegt, Jahrhundert um Jahrhundert schimmernd im Meer?

So fahre denn, rief ich, der Seewind über die Inselfluren, auf denen Götter und Genien wohnen! Es brause das Licht in den Hallen des Himmels über dem griechischen Meer, es lache und zürne die See des göttlichen Dulders! Steine, Berge, Wälder! Haine, Fels und Quell! Alles Begeisterte, das uns noch blieb: es grüße uns, wie wir es grüßen! Es ist noch hinieden und wir: noch sind wir da. Wein der wirklichen Welt, so schäume denn in die alten hellenischen Schläuche!

Diese Morgen auf Lesbos! Ich stand jeden Tag vor Hellwerden auf und lief in die Insel hinein.

Lesbos war weit und seine Straßen ließen sich Zeit. Seine liebliche Schönheit prunkte und prahlte nicht. Seine Stimme war sanft, seine Sprache leise und seine Melodien stillberedt.

Lesbos überwandern heißt durch unabsehbare Öl-wälder wandern. Stunden und Stunden lief ich im Silbergeglitzer. Unendliche Haine, durch die sich das grellweiße Staubband der Straßen zog. Es heißt, daß der Ölbaum nicht mehr gedeiht, wenn er sieben Meilen vom Meere weg steht. Er kann nicht sein ohne den Anhauch des Meers. Ich weiß es nicht. Aber ich sah, daß der Glanz der besonnten Meeres-weiten ans Land stieg und weiterlief über die Hänge.

Ich fühlte eine unsagbare Neigung zu diesem Baum, diesem Sonnengeschöpf. Mich ergriff eine Art von seligem Rausch, während sich tausend und abertau-send Stämme im Schreiten an mir vorüberdrehten.

Erblickt ihn einer zum ersten Mal, so kann es sein, daß er verwundert ist: er ist so unscheinbar, so an-spruchslos, und seine Farben sind auf der Palette der Schöpfung von dort, wo die leisesten, atmend-sten Farben liegen. Wenn er sein Silbergefächer gegen das Lichtblau des Himmels hält, so entsteht ein Klang, der vom Jenseits ist.

Ich liebe Dinge, denen bestimmt ist, alt zu werden, und die erst im Alter ihr Maß und ihre Art finden.

Der Ölbaum hat Zeit. Er beginnt erst im Alter zu tragen und in einem Sagenalter von vielen hundert Jahren trägt er noch. Was für uns Jahre sind oder ein Leben mit Freuden und Schmerzen, das ist für ihn nichts. So ist er gesonnen und so ist auch die Farbe seines Gezweigs: seidiges Mattgrün wie von alten Gewändern.

Es gibt keinen Baum, dem man Geduld, Bemühung so ansieht wie ihm. Da steht er auf trockenster Erde, harrend und tragend, und seiner Weisheit gelingt es, aus dem Dürren den Saft zu ziehen, der den Alten Alles war: Speise, Reinigung und Schmeidigung der Leiber, Duft und Licht der stillbrennenden Lampen und Opfer. Noch etwas: ein Ölzweig — Sinnbild des Friedens.

Wo Ölbäume sind, ist die Landschaft heilig. Seine lautlose Andacht macht fromm. Athenes Augen hatten seine Farbe: meergrün.

Die Seele des Landes ist dieser Baum.

Am Golf von Geras lief ich heißselige Stunden unter Oliven dahin.

Eine Zikade schwirrte mich an und vom Anprall erschreckt, fiel sie zur Erde. Ich nahm sie auf und so sah ich das vielbedachte Geschöpf auch einmal nah. Ich war überrascht. Ich hatte mir etwas Gliederzartes gedacht. Sie aber war käferig-rundlich, eine kleine musikalische Dose, und hatte es mehr mit dem Drolligen. Es ist nicht zu verschweigen, daß sie ein bißchen dem Maikäfer glich. Nur ist sie nicht braun, sondern weißlich und grau und sehr fein gezeichnet, wohl der sonnengebleichten Silberrinde zulieb, an der sie ja lebt. Weit wölben sich graukuglige Augen zu Seiten des Kopfes heraus. Dann aber sind ihr Flügel geschenkt, die sie aus dem Käferbereich ins Sylphenhafte erheben: ein Flügelpaar, das weit über den gepanzerten Leib hinweg geht, Libellenflügel, durchsichtig und farblos, mit schwarzen Stegen gefenstert.

Unter der Straße am Meeresufer stand ein größeres Haus. Es war für ein Bauernhaus zu stattlich, auch nach einer Ölmühle sah es nicht aus. Ich lief den Bergweg hinab, zu sehen, was es sei.

Niemand war da um das Gehöft. Nur ein Junge mit zuhöchst gekrempelten Hosen lief im Uferwasser daher. Er war mit einem kleinen Dreizack bewaffnet und suchte Oktapodia, Tintenfische, die in Öl gebacken eine Lieblingspeise des Landes sind.

Ich ging in das Haus. Eine Tür war verschlossen, hinter einer anderen war niemand zu sehen. Eine dritte führte in einen Gang. Mir schien, es sei Dampf in der Nähe. Noch eine Tür, und ich stand in einem alten Gewölb, das zur Gänze von einem Becken erfüllt war: klares, wartendes Wasser. Goldbrauner Sinter bedeckte den Stein. Aus Brunnenröhren floß neues herzu. Es war heiß. Eine heiße Quelle des Bergs.

Ich zog mich aus und sprang kopfüber hinein. Ich war der einzige Bader, wechselnd zwischen Therme und Meer. Dazwischen lag ich auf dem heißen, besinterten Stein.

Ich war seltsam erquickt von diesem Bad und so oft in den nächsten Tagen ich konnte, kam ich dorthin zurück. Mir schien, daß es mir die Mattigkeit nahm, die mir von einem vorausgegangenen Fieber geblieben war.

Als ich zur Mittagzeit auf weißblendender Straße weiterlief, war mir leicht und kühl. Ich hatte Heißes mit Heißem getilgt.

Die Zikaden, in Ölbaumkronen versteckt, sangen ihr mittäglich erregtes, eintönig gesteigertes Lied. Tausendfach kleine Freundschaft, mir lieb, übers ganze Land! Ich geriet aus einem Schallbereich dieses hymnischen Sangs in den andern hinein.

Göttlicher Lärm der Zikaden! ich lief über die einsamen hellheißen Fluren Griechenlands und war umtost von ihrem Geschrill. Es gellt so stark, daß es schmerzt. Man weiß nicht, woher der Ton kommt, er ist zu hoch und zu schwirr, als daß der Sinn die Richtung meldete, aus der die Wellen dringen. Sie sind wie Ohrenbrausen mittäglicher Fiebergluten der Erde. Sie sind das göttliche Außersichsein der Landschaft im Sommerrausche, im Rausche des Mittagslichts. Denn sie singen nicht wie die Grillen des Abends, sondern nur bei wolkenlosem Himmel in den heißesten Stunden. Dem Apollon sind sie heilig, die Kleinen, und von dem betörenden Sturm seines Lichts stammt ihre Kraft. Davon sind sie ein winziger Teil. Ihre Musik trifft wie Pfeile, die der Mittag versendet. Ich konnte nicht anders, als kleine Beterinnen in ihnen erblicken, Rasende in ihrem begeisterten Tun.

18

Sie leben von Baumsäften, heißt es, die sie sich erbohren. Aber der gärende Saft hat sie wohl trunken gemacht. Während ich dahinschritt, selbst außer mir in der Mittagsglut, ward es von Mal zu Mal still, wie auf den Schlag. Dann erzeugte das Ohr aus sich selber den Nachhall des Lärms. Und wie auf Befehl schmettern sie wieder, von allen Seiten, ihren Sonnengesang in ergriffenen Chören. Nicht lange danach fand ich ein wenig abseits der Straße ein Steinrund, das sich Hirten wohl einmal gebaut hatten. Es war vielleicht alt, vielleicht nicht, es war ohne Zeit. Drei große Steineichen verbargen es fast, ein zertrümmerter Trog stand in der Mitte, Passionsblumen rankten übers Gemäuer. Es war ein rechter Daphnis und Chloe-Platz. Ich aß und trank, was ich bei mir trug.

Ich habe an diesem Tag das griechische Land, weiße Straßen, heilige Wälder, blauschimmernde Fernen und hallendes Lichtgewölb — und somit die Welt und das Leben über die Maßen geliebt.

Es ist wirklich nichts mit den geschwinden Reisen. Man muß den Dingen doch etwas Zeit geben, daß sie einem ans Herz wachsen können.

Es war doch auch etwas ganz anderes, da ich diesen griechischen Sommerglanz nun zum dritten Male erlebte. Ich sah alles viel besser, sah mehr und sah stärker, wie ich überhaupt erfuhr, daß sich Gefühle zu Dingen und Menschen nicht verbrauchen, wenn man sie hegt, sondern vermehren. Wohl gibt es die Liebe auf den ersten Blick, wohl den ersten Eindruck mit seiner Prägegewalt. Aber das ist nicht mehr als ein Befehl, wahrzunehmen, zu hegen und zu mehren. Auch Gefühle danken die Zeit.

Nun sah ich durch das Neue das Alte hindurch; beides erschien mir in einem Bilde vereint, ich hatte doppelte Ernten. Ich sah alles viel besser, ich hatte mehr Kenntnis von Gewächs und Getier, ich lernte die Sprache, ich konnte das Ausnahmsweise erkennen. So hatte ich Wissen, wodurch sich das Empfinden erhöht. Ich hatte ein erfahrenes Gefühl. Das fortschreitende Leben schenkt keine matteren Eindrücke, wie man irrtümlich glaubt, sondern stärkere.

Lesbos ist groß; um es wirklich kennen zu lernen, müßte man Wochen verweilen. Einmal drang ich ins Herzinnere der Insel vor. Wir hatten ein Kraftrad und waren zu dritt; der Fahrer und ein Bekannter. Wir fuhren aus Mytilene noch vor Sonnenaufgang weg und waren um fünf schon am heißen Quell, in den wir uns zur Feier des Morgens, auf dem unsere Hoffnung lag, stürzten. Dann frühstückten wir.

Meine Erinnerungen an Lesbos sind mir sehr wert; die vielen Schüsseln eiskalten Joghurts mit Sauerkirschen gehören dazu.

Die Fahrt, viele Stunden hindurch, war ein Schwingen und Kreisen über Höhen und Täler, gewundene Straßen, immer neuer Anblick des Meers, immer und immer Olivenhaine. Da die Straßen von Lesbos voll Kehren und Kurven sind, die unser Fahrer in großer Geschwindigkeit nahm, schienen sich mir die Hänge und Haine zu drehen, zu tanzen und zu taumeln; mir blieb der Eindruck eines sonnenstürmischen Flugs.

In einem verlorenen Waldtal, abseits der Straße, dessen Hänge voll Ölbäumen standen und dessen Grund hellgrüne Kiefern erfüllten, schwang sich ein Aquädukt aus spätgriechischer Zeit. Die Bogen, aus braungelben Quadern erbaut, trugen die Glut zahlloser Sonnen in sich.

Dann kamen wir in ein reich bewässertes kleines Tal, dessen gesegnete Feuchte uns wohltat. Wir suchten und fanden den Quell. Es war ein mächtiger Brunnentrog unter Bäumen, der sich von unten her geheimnisvoll speiste. Das Wasser lag regungslos in dem tiefen Bassin, es war eiskalt und saphirblau.

Wirklich, dies Tonnenrund sah aus wie ein riesiger, in die Erde versenkter Edelstein, als hätte man ihn aus der grausteinernen Fassung herausnehmen und gegen das Licht halten können. Jedermann, der des Weges kam, mußte hineinstarren und war entzückt. Hierzulande war das wirklich ein Schatz: das ganze abwärts führende Tal troff von dem Reichtum, der hieraus quoll.

Auch Lesbos hat seinen Olymp: der höchste Gipfel der Insel heißt so.

Das Dorf Ajassos unterm Olymp von Lesbos: warum lebt man nicht so? Zwei oder dreihundert Häuser, die den steilen Berg hinaufkrochen, immer eins über dem andern, herdenhaft dicht gedrängt, es sah aus, als seien sie alle einmal auf einer Wanderung zum Berge gewesen, da hätte es plötzlich Halt! gerufen, nun schauten sie um, wer da rief. Gassen, laubenüberrankt. Zwischen den Eisenstühlen des Kafenions lief eine Ziegenherde hindurch, die Gäste störte es nicht. Auf dem Marktplatz wimmelte es, sein Pflaster war von Melonen, Tomaten und Gurken bedeckt. Schneeweiße Schafwolle bei Händlern. Bergluft und viel ungewaschene, funkeläugige Kinder.

Ich war das letzte Bergstraßenstück zu Fuße gegangen, das Rad war voraus. Während ich nun durch die Gassen lief, schallte mir dutzendmal der aufmerkende Kinderruf entgegen: Bizykletta? Bizykletta! und eifrige Ärmchen wiesen zum Marktplatz, zur Agora.

Ich hatte Hunger. Deshalb fragte ich einen Buben, ob es hier wohl etwas zu essen gebe.

»Den katalaweno tin glossa sas.« Ich verstehe eure Sprache nicht, gab er mir höflich zur Antwort.

Ich sagte: »Aber warum, ich frage dich doch auf griechisch. Kannst du kein griechisch? Du sollst mir sagen, ob es hier irgendwo etwas zu essen gibt.«

Er nickte eifrig und, die Hand nach unten einschlagend, wie es dort üblich ist, bedeutete er mich, mit ihm zu kommen, das steile Gäßchen hinab.

»So rede doch«, sagte ich, immer auf griechisch, »bist du denn stumm?«

Ich hatte wirklich den Eindruck, als ob es bei ihm nicht ganz stimme.

»Nein«, sagte er endlich, stand still und dachte sehr nach: »aber verstehst du denn griechisch? Ich dachte daß du ein Deutscher bist.«

Nun war das Nachsinnen an mir. In welch einen knotengeschürzten Gedankengang hatten sich da die Windungen des kleinen Gehirnes verfangen? Man kann viel denken und doch nicht genug.

Indessen kamen die Andern. Das Denkerkind führte uns zu einer offenen Garküche. Sie war halb auf der Straße und halb im gedeckten Raum. Auf einem wackligen Herd brannte ein Holzkohlenfeuer, ein Tisch war gedeckt mit einem Tuch, das nicht schwarz und nicht weiß war.

Ich fragte den Wirt, ob wir etwas bekommen könnten, und was.

»Alles!« sagte er mit armbreitender Geste. »Alles kannst du haben!«

»Was denn zum Beispiel?«

Er hatte nichts, nichts.

Aber das griechische Einmaleins ist mit dem der Hexen verwandt: aus zehn mach eins, aus keins mach zehn. Nach einigem Hin und Wider und einer halben Stunde Wartens — also sofort — kam ein dreigängiges Essen zu Stande, das herrlich war: Bohnen in Öl, von irgendwoher aus der Nachbarschaft, Eier, schwimmend in Öl und zum Schluß die große Erfindung: Sauerkirschen in Joghurt, denn Joghurt gab es auf der Gasse in großen Satten.

Vierzig bis fünfzig Kinder, die Erwachsenen waren im Hintergrund, drängten sich um den offenen Laden, während wir aßen, maßlos ergötzt am Schauspiel essender Fremder. Jeden Handgriff und jedes Ab und Zugehen im Raum verfolgten die mitwandernden Köpfe, als würden sie alle an einem einzigen Faden gezogen. Der Wirt gab sich seiner Aufgabe mit gelassenem Eifer hin, als gehörten Gäste aus aller Welt in seinem Lokal zum Gewohnten. Er zeichnete uns mit dem Vorzug aus, jeden Teller und jede verbogene Gabel vor unseren Augen in fließendem Wasser zu waschen. Wir waren beruhigt.

Mit gleicher Sachlichkeit ging er zuweilen mit einem Napf voll Wasser, den er im Rücken hielt, auf die Gasse hinaus und goß ihn blitzschnell und ernst über die Kinder hin aus. Obgleich diesen Wasser nur dienlich sein konnte, entstoben sie jedesmal lautlos und schnell in Haustüren und Winkel. Nach zwei Minuten waren sie wie die Fliegen wiederum da.

Vom Dorf aus zum Olympos hinauf ging es noch gute zwei Stunden. Ich konnte es leicht vorher berechnen, da mir von allen Seiten versichert wurde: kaum eine Stunde. Es war ein herrlicher Berg. Wälder von Edelkastanien zogen sich bis zum letzten oberen Steinbezirk, der unbegrünt ragte. Ich stieg und war alsbald in einer Welt, die mich herznah an glücklichste Tage erinnerte, die ich in Arkadien verbrachte.

Immer hat mich das Steigen von Schalheit und Lebensmißmut befreit. Ich weiß wenig, was seliger stärkt als zu steigen, während Berg- und Meerwind das Blut heller machen und das Orgelbrausen allumströmenden Lichts einen durchglüht. Es ist nicht eben wegsam, auf griechische Berge zu klettern, von

Wegen kann meistens die Rede nicht sein. Der scharfe, kantige Kalkstein ist im Grunde immer gegen den Fuß, er ist ein harter Erzieher, und Dornengesträuch zerkratzt einem die Beine. Es ist ja, im Ganzen gesehen, ein Land ohne Erde.

Man steigt immer auf Berge, wenn man irgendwo in Griechenland läuft. Die paar Ebenen, die es auf dem Festland gibt, sind schnell aufgezählt und die Inseln sind überhaupt nur Gebirge im Meer.

Dies ewige Steigen in Abend und Morgen und im glühenden Tag ist eines Bergvolks Mühe und Glück. Es ist eine ewige Erhebung, ein unablässiges Sich-Steigern über sich selber hinaus. Es ist der Sprung über sich selbst, den Hellas die Menschheit gelehrt.

Im Kastanienhain stand ein junges Maultier. Es war erst vier Stunden alt und noch nicht ganz trocken; es bebte inmitten der Sonnenglut. Die Pferdemutter graste daneben; es versuchte zuweilen zu tun wie sie und mit dem Kopf zur Erde zu gelangen, um zu sehn, was da sei. Es ging nicht, die Beine waren zu hoch.

Die Täler senkten sich unter mir hin, Gebimmel von Ziegenherden schallte von unten herauf, von daher, von dort herüber: das Gespräch, womit sich die alten Berge erheitern und womit sie ihre Ewigkeiten verjüngen. Überall, auf hundert Terrassen und Gärten im Tal wirkte und schaffte der emsige Fleiß, die bäuerliche Geduld und Beharrlichkeit, die so unvermittelt neben der Leidenschaft dieses Volkes zum Nichtstun wohnt.

Die Wipfel der Kastanien waren mit hellgrünen

Trieben besäumt. Das Ferne war überdeutlich im blauklar seidigen Licht.

Im Grunde war es das größte Erlebnis in diesem Land, daß die Dinge so sehr ihr Durchscheinendes zeigen. In diesem Licht erhielt jeder Baum, jeder ferne Fels, jede Flur eine höhere Wahrheit. Es war, als ob alles durchleuchtet sei bis in den Kern seines Seins, alle Zufälligkeit abfiele und jedes Ding sich steigere bis zum reinen Gedanken von ihm. Der blinkende Halbmond einer kiesigen Bucht, — eine Frau wusch daran —, eine Gruppe Zypressen, eine einsame Berghütte: sie waren nicht nur das, was sie sind, sondern das, was sie sein sollten. Das Meer war nicht nur das Meer, sondern die heilige Salzflut, so wie sie die Hand des Schöpfers entließ. Alles war ewig und unvermischt.

Hoch in den Bergen stieß ich auf einen Quell, der aus einem verfallenen Steingehäus rann. Eine uralte Platane wölbte sich über dem Stein mit tausend fühlenden Zweigen. Eine Herde silbergrauer langhaariger Ziegen drängte sich in ihren Schatten.

Wenn jemals ich denken werde: Quell, so wird mir diese Platane im Sinne sein.

Ich fühlte es wieder: diese Landschaft hatte ihre Schönheit nicht allein aus sich selbst. Vielleicht — mag sein — sah es anderswo auf der Welt ähnlich aus. Vielleicht waren Land und Berge, Himmel und Meer irgendwo ähnlich wie hier. Vielleicht waren die Linien in China genau so licht und so zart und in

Persien so karg und so rein. Vielleicht waren in Anatolien die Bergkonturen auch so silbern verklärt. Aber was will das besagen. Es wäre dort niemals dasselbe wie hier. Denn was in diesem Lande gelebt und geglaubt, gedacht, gedichtet und geformt worden ist, das hat sich auf Täler und Höhen niedergelassen wie himmlischer Tau. Nicht vergebens haben die Götter allüberall hier gewohnt. Den Schimmer, den sie über Menschen ausgossen, die ihre Lieblinge waren, denselben gossen sie auch über dies Land, so wie Athene über Odysseus: »da überschüttete sie mit Anmut Schulter und Haupt ihm.«

So sind die Genien, die dies Volk und dies Land umschweben auch eine sichtbare Wirklichkeit, unsichtbar nur Blinden. Erde, Baum und Stein sind beseelt und schimmern, wie die perlmutternen Schalen der Muschel noch schimmern, selbst wenn Muschel und Perle längst nicht mehr sind.
Nichts wird vergeblich verehrt. Dies Land hat das Leuchten, wie Bildnisse längst verstorbener Ahnen von innen zu leuchten beginnen, weil sie vom liebenden Anschaun gesättigt sind und wohl auch, weil sie es hinter sich haben. Hinter sich haben und in einem Triumphe verweilen.
Nie und nimmer war dieses Land, eh es die Griechen bewohnten, so schön. Ein besungener Berg ist für Zeit und Ewigkeit schöner als einer, den niemand besang, und ein bedichtetes Tal und ein Fluß wird für immer aufglänzen, so wie ein geliebter Mensch schöner ist als ein ungeliebter sein kann.

Die Sappho. Hier auf Lesbos hat sie gelebt, es ist heiliger Boden. Nicht als ob eine Erinnerung an sie da wäre; Lesbos mag sich verändert haben. Aber ich glaube, ein Duft, der über der Insel liegt, war von ihren Tagen noch da.

> Kommt nun her, ihr Männer, zum weihevollen
> Bachtal . . . ein entzückter Hain von
> Apfelbäumen . . . auf den Altären dampft
> geopferter Weihrauch

> Wasser rauscht da kühl durch die Quittenzweige,
> Rosensträucher hüllen den ganzen Raum in
> Schatten und von zitternden Blättern sickert
> traumloser Schlaf ab.

Wie ist es möglich, daß ihr Name unserm Ohre noch hell klingt, da es doch nur ein paar Verse sind, fast zusammenhanglos, an die wir uns halten können, nur eine Spur von all dem, was sie dichtete?
Aber ein Dichter, der einmal eine Feuerflocke hernieder trug, lebt nicht nur fort in seinem Gesang. Licht, einmal gesendet, bleibt heller Schein in der Welt, auch wenn die Fackel selbst schon verlosch. Wie gering sind die Scherben, die uns von ihrem köstlichen Werke geblieben sind! Wirklich, es ist nur ein kleiner Schrein voller Scherben, wie Scherben von Vasen, zufällige, mit schmerzhaft kantigen Brüchen, die mitten durch Schönstes gehen. Aber noch beugt sich die Menschheit vor diesen Ver-

sen, wie sie immer sich beugte, und bekennt, daß
alles was Lied ist, von ihr herrührt bis auf heutigen
Tag. Sie war die erste, die sang, weil sie litt, und
sang, was sie litt. So wie ihrer Zeit die ersten Men-
schenbilder aus Marmor in Nacktheit hertraten, so
ist sie die erste, die eine Nacktheit der Seele erkor,
herrliche Blöße der Leidenschaft, des Gefühls, des
Gesangs.

> Eros wirbelt,
> der Löser der Glieder,
> mich
> wieder süßbitter,
> siegsicher,
> drachenhaft.

Wir müssen uns schämen, wie ihre Liebe in unseren
Zeiten beredet wurde. So gewiß es ist, daß sie eine
Liebende war, das Altertum sprach niemals davon.

> Kamst du? daß du es tatest, war schön. Mich
>   verlangt nach dir
> und von Sehnsucht nach dir überwallend
>   verbrennt mein Herz.
> Freu lang dich, Gyrinna! gleich lang wie die
>   Trennung war . . .

Ich habe gesucht nach der Landschaft, in der sie
gelebt haben kann; denn daß sie in Mytilene lebte,
ist fast das Einzige, was wir wissen von ihr. Es wird
ein Landhaus nahe der Stadt gewesen sein, so wie

jetzt noch stille Landgüter dort sind, am steilen Strand überm Meer, in herrlichen Gärten. Edel, voll Zucht und Strenge und Maß war sie gewiß, wie ihr Gesang. Sie mag die Mädchen erzogen haben, im Sinn einer kleinen Akademie. Wenn sie dann diese entließ, weil sie einem Manne sich verlobten, werden Abschiedsgedichte entstanden sein wie dieses; wir kennen nur ein paar Perlreihen davon:

Wie die Granate sich rötet hoch oben im Wipfel
des Baumes,
oberst am obersten Ast, die pflückende Hände
vergaßen —
nein, vergaßen sie nicht; nur wußten sie nicht zu
erlangen . . .
Die Granaten, sie blühen und reifen noch in den Gärten und die Verse, die damals erklangen, heiliges, mildes Lesbos, waschen noch immer das Antlitz der Menschheit in dunkelen Nächten.

Von Lesbos nach Chios fuhren wir über Nacht. Das kleine Schiff lief zuerst unter der Küste von Lesbos hin. Es war ein gelbmilder Abendschein auf den Felsen und davor das sattblau kurzkämmig kühlstarke Meer — das Element, das vor allen andern die Gabe hat, sich zu erneuern und den Glanz des ersten Schöpfungstages zu zeigen, unerschüttert, habe es sich inzwischen auch noch so mit Tod, Vernichtung und Ängsten bedeckt und manches verschlungen.

Die Schiffer hatten eine Korbflasche mit Harzwein in feuchte Tücher gehüllt und in die Takelage gehängt, wo der Luftzug ihm die Wärme auszog und ihn erstaunlich tief kühlte.

Wir tranken, da hob einer den Becher gegen mich auf, sah mich an und sprach die Anfangsverse der Odyssee. Er sagte sie in neugriechischer Weise her, so wie sie vor Alters wohl auch nicht ganz, aber sicherlich eher geklungen haben als das, was wir uns zurechtgedacht haben, und so erkannte ich sie erst im zweiten Moment. Dann freute ich mich. Ja, im Augenblick hätte ich nicht gewußt, was auf der Welt mich herzlicher hätte erheitern können als dieser Einfall, dies Gastgeschenk, diese Verse aus Seefahrer-Mund auf dem Aigaischen Meer, durch das unser Segelschiff seine Furchen zog, nicht anders als es die homerischen Schiffe getan.

Natürlich, es war eine Schulerinnerung des Mannes, der vielleicht einmal hoffnungsvollere Tage gehabt hatte. Nicht als ob so etwas unmittelbar lebendig geblieben wäre im Volk; es wäre sinnlos, das zu erwarten.

Es war dunkel geworden, kaum abgekühlte, still stehende Nacht. Die Segel waren von keinem Luftzug geschwellt.

Ich lag auf einem Haufen von Ladegut, über das eine Segelplane gedeckt war und spürte die einzelnen Frachtstücke unter mir. Der Großbaum wälzte sich von Zeit zu Zeit dicht über meinen Kopf zur andern Seite hinüber. Im Takelwerk schienen die Sterne zu taumeln.

Ich stand auf und ging an die Spitze des Decks. Der Mond spann eine Glitzerstraße über die Wellen, als spielte ein Meergreis vergnügt mit zehntausend Lichtbällen ein akrobatisches Zauberspiel.

Ich sah auf die Bugwelle hinab. Der Kiel fuhr in das stehende Wasser hinein wie in ein Tuch, ein dunkelwarm bauschiges Tuch, durch welches die Schere fährt mit leise trennendem Laut.

Aber der Stoff schien bestickt zu sein mit goldenen Punkten? Vielleicht war es der Widerschein eines irgendwoher einfallenden Lichts. Des Mondes doch nicht? Dann achtete ich nicht mehr darauf.

Nach einer Weile fiel es mir abermals auf, es war eher stärker geworden. Das konnte der Mond doch nicht sein oder die taumelnden Spiegelbilder der Sterne?

Da kam es mir: Meeresleuchten.

Freilich, das waren die windstillen Hochsommernächte, die es ja liebt. Funken stoben und glitten

im Bausch der Bugwoge nach rückwärts hinab.
Strähnen von Licht. Goldhaar der Nereiden.
Der mit seinem Homer. Dabei sah er doch wie ein
Seeräuber aus. Man dürfte dergleichen gar nicht
wiedererzählen: gleich kommt es daher, viel zu ein-
gebildet und absichtsvoll und sieht aus, als sei es nur
um zu wirken geschehen. Sein Köstliches ist dann
zur Hälfte dahin, sein Momentanes, das wie der
winzige Luftdruck ist vom Flügelschlag einer vor-
überzuckenden Schwalbe.

Chios konnte nicht mehr weit sein, da kündigte der
Tag sich an.
Alsbald lag die morgenländische Küste, so lang und
weit ihr Dahinzug im Dämmer erkennbar war, apri-
kosenhaft leuchtend da. Mehr und mehr gebar sich
nun auch Chios aus dem Schatten ins Licht.
Ich erkannte, höher und schroffer als ich mir gedacht, ein Gebirge, das die längliche Insel von Nord
nach Süden wie ein Rückgrat befestigt. Dies Gebirg entriß sich jetzt von Minute zu Minute der
Nacht. Erst war es nachtschattenblau, dann lila,
dann war es ganz da, in tönerner Großartigkeit,
übergossen mit Rotbraun und Violett, völlig kahl,
kostbar, alt, reingebrannt, wie aus Böttger-Por-
zellan, als müßte es augenblicks tönern erklingen.

Chios scheint aus erhabenen Zeitenfernen zu stam-
men. Seine Starrheit hat etwas von mythischem

Heldengesang. Die Insel ist kahl, aber ihre Klänge sind himmlisch entrückt. Der Genius, der diese Insel erschuf, wollte das Süßeste sagen — nur mit Stein und mit Licht.

Doch wollte dieser Genius offenbar zeigen, daß er auch das Wachsend-Grüne vermöge. Zwischen der Stadt und den kahlen Bergen liegt eine Flur, begrenzt, aber immerhin eine Meile im Umkreis, die eine Überfülle aus schenkenden Händen gewährt — so daß man kaum glaubt, noch in Griechenland zu sein. Ein Früchteschoß. Der Kampos heißt dieser Platz. In ihm ruht seit ältesten Zeiten der Reichtum von Chios, die antike Stadt lag in seiner Perlenmitte so wie die genuesische und wie die von heute. Er ist das Göttergeschenk der Insel.

Die einzelnen Gärten waren gegen den Seewind mit hohen Mauern geschützt, die in der Sonne braungolden erglühten. In den schmalen Schattenbändern, die davon auf die Gassen fielen, bewegten sich, müde im Mittag, blaue großrädrige Landkarren und Maultierreiter. Sie hatten weiße Tücher unter die Strohhüte gelegt, die fielen über Kopf und Nacken. Über die Mauern aber brach es quellend hervor: Feigenbäume, blühende Eukalyptus-Riesen, Bienengesumm. Oliven, Mandeln, Johannisbrot und unübersehbare, dunkelernste Haine von Orangen, Mandarinen, Zitronen. Aus diesen Gärten kommt der Orangensegen von Chios. Es blüht und fruchtet zugleich, ein süßbitterer Duft umkleidet die Insel im Frühjahr wie ein Gewölk aus heiterstem Musselin. Ankommenden Schiffen trägt der Wind Duftverheißungen zu.

Der Garten eines alten Genueser-Geschlechts war noch so wie vor ein paar hundert Jahren. Man schritt durch eine Verzauberung. Ein tiefernster Dämmer hauste unter tausenden dichtgedrängter Orangenbäumen. Wege von großer Feierlichkeit waren dazwischen gebahnt, öffneten sich manchmal zu kleinen Nischen, in denen zwei halbmondförmige Marmorbänke gegen einander standen, oder bildeten Pergolen, die sich um marmorne Becken ründeten. Über Steinbrunnen, auf deren Grund schwarze Spiegel zitterten, standen Schöpfräder aus blau bemaltem Holz. Der Steinboden war bunt. Granatapfelbäume mit brennenden Blüten, zweifach mannshoher Oleander, blühende Linden, Akazien und Wein. Hier und da, überwachsen, ein Gartengebäude: Treppen, Terrassen und kühle Hallen.

Hier war Jonien wie einst, prangende Lust und Überschuß. Es war ein funkelnder, wundersüchtiger Stolz, derselbe, der einst die jonische Kunst beherrschte. Wenn Homer wirklich gelebt hat und wenn er, wie es heißt, auf Chios gelebt hat: so war dies seines Lebens Luft.

Eines Tages aber, im Nordteil der Insel kam ich durch nichts als durch Steiniges. Bald waren es zerklüftete Felsen, bald hingeschwungene Berge, einsam, weit-weit. Kein Baum und kein Halm. Aber da war nichts Trostloses dabei. Der Stein stand im Licht wie atmendes Fleisch. Über die hohen Halden schritten Geister und Genien hin.

Das Kloster Nea Moni lag in den Bergen, herrlich und hoch zwischen Himmel und Welt. Es war ein Jahrtausend alt. Die Kirche erglänzte von dunkelgoldenen Mosaiken.

Ein Mönch stand an der Stützmauer droben als ich den steilen Berghang erklomm. Eine schwarze, hagere Gestalt, stand er regungslos da und sah mir entgegen.

Ein zweiter Mönch — weiter schien keiner im Kloster zu sein — saß drinnen vor dem Kamin und kochte Linsen. Er blies mit einem großen Blasrohr ins Feuer. Der erste, hager und schwarz, schlug mir Maulbeeren vom Baum, übersüße kleine Fruchttrauben. Mit einem langen Stock schlug er danach, das schwarze Gewand flatterte ihm, der Rundhut taumelte und der Zopf schlug seltsame Kreise.

Ich legte mich auf die Steinstufen der Kirche um auszuruhen. Der Hagere litt es nicht. Er kam herbei, faßte mich bei der Hand und führte mich in den großen, talwärts gelegenen Bau. Dort wies er mir, dieser Freundliche, ein Gastzimmer an.

Er öffnete die Fenstertür: da war ein Altan, steil überm tieftiefen Tal, und ein Wunderblick über Insel und Meer.

Kleinasiens Küste schien im Abend ganz nahe zu sein. Des anderen Erdteils Ufer säumte sich in stumpffahlblauem Dämmer hin, silbergewebt und vielversprechend wie alle Küsten es sind. Lichtschimmernde Uferzeilen waren zu sehen.

Dort also war Asien.

Welch eine Küste das war! Mehr, als eine Linie von Menschen erdacht! Dieser Silbersaum, Anfang eines neuen Erdteils, war ein erster Takt von dem großen Fabelliede des Orients, ein empfindlichster, kostbarster Saum dieser Welt. Es war als ob dort, wo sich zwei Welten begrenzten, die harte Schale der Erde gesprungen sei und der Riß nun geniales Gewölk aus Geheimnistiefen entlasse. Aus diesem Riß ging dem Abendland Lichtestes auf. Hier entstanden die Gesänge Homers, hier war Troja nicht fern und hier war der Boden, der den Sänger erzeugte. Die Küste, von der ich ein Gutteil mit Blicken ermaß, war einst mit glänzenden Städten bestickt: dem reichen Milet, das achtzig Tochterstädte im Schwarzen Meer und in Ägypten besaß, einem Venedig also, dann dem schönen und mächtigen Smyrna, dann Ephesos, das eine leuchtende Kunststadt war, und Halikarnaß und Knidos mit einer Ärzteschule und dem spätblühenden Pergamon. Heraklit und Thales sind hier geboren, der Anfang aller Philosophie. Pythagoras kam von da, und Herodot aus Halikarnaß begann, die Geschichte des Erdteils zu schreiben. Weiter im Süden war dieselbe Naht zwischen Abend- und Morgenland der Quellort des Christentums.

Und Jonien war hier. Lebensjubel des jonischen Geists! Das Echo seiner übermütigen, kunstdurchdrungenen Daseinslust erfüllt die graue Welt bis auf heutigen Tag.

Durch die Mittagstille des Klosterhofs drang ein träges Geräusch. Ich fragte den Mönch, was das sei; es war eine Mühle. Ich wollte sie sehen. Wir gingen die wacklige Holzgalerie über dem Hofe entlang.

Am Boden kauerte eine Magd. Sie hatte zwei Mühlsteine vor sich. Der obere hatte einen Holzgriff, so mahlte und schaffte sie, wie vor tausend und dreitausend Jahren. Die Steine waren unpaß, es ging viel daneben und das Geschäft schien recht kümmerlich. Die Planken, durch deren Lücken man unter sich sah in den Hof, rumpelten mit.

Ich hatte mir nicht erhofft, in diesem Europa noch eine Magd am homerischen Mühlstein mahlen zu sehn. In diesem Europa, das bedacht war, sich seinen Untergang zu bereiten, noch das Geräusch zu hören, das einst durch den Palasthof des Alkinoos schallte, wenn die Schar der Mägde das Mehl gewann.

So bleiben die Dinge irgendwo doch immer bestehn, kleine Altwasser im Strome der Zeit. Immer bleibt einiges unverloren.

Tags darauf kehrte ich in einem andern Teile der Insel wieder in einem Kloster ein. Es waren Nonnen. Der Klosterhof war reinlich und bunt. Durch die Arkaden süßer Anblick der Insel, des Meers. Die Äbtissin schickte uns ein Kaffeechen heraus. Dann wurde uns die Malwerkstatt des Klosters gezeigt, in welcher Nonnen, vier an der Zahl, malten. Andere, jüngere, rieben die Farben und spannten die Rahmen. Die vier aber malten tagaus und tagein, das ganze Jahr, unverdrossen, rührende Öldruckpracht. Eine saß in Haube und Tracht in der Fensterlaibung vor der Staffelei; sie blickte während unseres Besuches nicht einmal auf. Ich denke, es war wohl die Meisterin. Sie war alt, sicher hatte sie ihr ganzes Leben gemalt und hatte es immer noch eilig und wollte ihr Pensum erfüllen. Sie tupfte mit spitzem Pinsel, die Hand auf den Malstock gestützt, ein Christus-Haupt in die Mitte eines bestickten, spitzenumsäumten seidenen Tuchs.

Und obgleich ich zum Ruhme der Kunst, die da überall stand oder hing, nicht eben viel zu sagen wüßte, so blieb mir doch durch sie, die mich nicht einmal sah, das unauslöschliche Bild einer Malwerkstatt aus uralten Tagen.

Und ungesucht, desto liebenswerter, rann noch eine Perle homerischer Einfaltswelt mir über die Hand. Aus einer der Zellen, die auf den Klosterhof mündeten, drang Werkelgeräusch. Beim Eintritt zeigte sich eine vollkommene Spinn- und Webstube. Der blanke, kieferne Webstuhl war in Gang, das Schiffchen surrte, der Webebaum knarrte. Kette und Schuß waren aus Baumwolle und Seide, beides Inselgewächse, sie verbanden sich zu einem schönen Geweb. Mütterchen Nonne lachte aus blankem Faltengesicht und stieß munter den Webetritt.

Als Insel des Homeros hat Chios immer gegolten. Es ist wenig Grund, an dem, was das alte Volksbuch vom Leben des Dichters erzählt, zu zweifeln. Wenn es recht hat, so war er aus der Gegend von Smyrna gebürtig. So begann er erst spät zu dichten, auf einem erfüllten Lebensgrund, und wenn es wahr ist, daß er in Ithaka blind wurde, oder doch augenleidend und späterhin blind, so war dort das Letzte, was durch die Augen in diese Seele drang.

Mit einem Fischerboot wäre der blinde Mann dann vom Festland herüber nach Chios gekommen. Das Umherziehen war längst nicht mehr seine Lust, vielmehr seine Not. Blind, tappend, Verse sprechend zog er von Stadt zu Stadt, wechselnd aufgenommen. Immer lief die Uhr der Gastfreundschaft einmal ab. Achtung, Verachtung, Mitleid, Engsinn, Mißtrauen, Beifall: wie dies alles wechselnd sich folgte, er war es gewohnt.

Hier aber auf Chios war Stetigkeit. Hier war Bleibens. Er traf, landein tappend, auf einen Hirten, der Glaukos hieß. Er führte, ein Eumaios, ein guter Geist, den seltsam redenden fremden Mann zu seinem Herrn in die Stadt. Dort war gut sein. Freundliche Menschen, reiche Menschen, Freigeist, Kunstsinn, der eingewohnt war. Stille. Gärten. Heiterkeit. Er wurde Hauslehrer: zu allen Zeiten ein Dichterberuf.

Uns kann es recht sein, dies Bild. Wenn die Wissenschaft selber, nach einem Jahrhundert des Leugnens, wieder an einen Mann und eine mächtige

Glühkraft glaubt, die Überkommenes zu einem einzigen Erzguß schmolz: uns kann es recht sein. Die Dichter haben immer an einen Dichter Homeros geglaubt. Wieso hört man in Sachen der Dichtung weniger auf sie als auf die Gelehrten?

Dies ist ein Märchen von Chios, von dem uns ein paar Scherben aus dem Altertum überkommen sind.

In glutheißen Nächten auf Naxos zeugte Dionysos mit Ariadne einen Sohn. Als die Herrliche ihn gebar, war es in einer Juni-Nacht gegen Morgen; der Mond stand in seinem fünften Tage in Gestalt einer köstlichen Schale am Himmel und der Morgenstern darunter war wie ein ihrem Rande entglittener Tropfen. Da rauschten die Quellen und sprudelten kühles Wasser. Die Dryaden griffen in die Zweige und grüßten das Kind mit Baumgeflüster. Die Glühwürmer stoben von den Rainen empor in lautlosen Garben. Die Löwen und Panther standen still auf den Bergen, hoben die Häupter und lauschten.

Dionysos nannte seinen Sohn Oinopion, den Purpurroten, und liebte ihn zärtlich vom ersten Tag an. Als er heranwuchs, ein Knabe, schenkend und mild, verlieh ihm Dionysos seine geliebteste Insel. Es war Chios.

Während der göttliche Vater rastlos in seligem Leid in rauschenden Zügen die Erde durchzog, stiftete der Jüngling auf Chios ein leichtes, glückliches Reich.

Ähnlich dem Vater, aber sanfter geartet, ohne den Fluch seiner Raserei, feierte er mit den Seinen ewige Feste.

Da kam einst nach Chios der Riese Orion, ein Held mit schwarzglänzenden Locken, goldbraunen Gesichts und goldbraunen Leibes. Auf seiner dunklen Haut glänzten die Funkelsterne des Gürtels, seines Schwertes, des Schmuckes an Füßen und Armen. Seine gewaltige Stärke war berühmt, als Jäger war er der erste und allerbeste. Zu jener Zeit war er der Geliebte der Eos, der Morgenstunde, die immer zu schneller Liebe gestimmt ist, was die Menschen zu wenig beachten.

Sie jagten, Oinopion und er, auf Chios zusammen in den Bergen und Wäldern und Orion erlegte viele der wilden Tiere. So stark aber Orion auch war: schon mancher Starke ward durch Dionysos bezwungen. In einer schimmernden Nacht im Gebirg schritt er berauscht auf Merope zu, die schöne Geliebte Oinopions, griff nach ihrem Gewand, das zerriß, und wurde gewaltsam.

Da erhob sich Oinopion, der Schlanke, in seinen weißseidenen Kleidern, königlich; das Lachen des Fests war noch auf seinem Mund.

»Dionysos, mein Vater!« rief er, »so komm in deiner Allgewalt!« und schrieb, immer noch lachend, mit seinem Arm ein Zeichen wie eine Efeuranke, über den gestirnten Himmel, über Berge und Täler und Alle. Da waren sie mitten im Rausche gebannt, die Rauschigen, erstarrt in ihren Gebärden.

»So wißt ihr denn nicht, rief er weiter mit heller

Jubelstimme, daß das Reich meines göttlichen Vaters nichts zu schaffen hat mit gemeiner Lust? Ihr Tiere! glaubtet ihr, sein Lösen sei nichts als das Lösen dessen, was euch gewöhnlich ist? Sahet ihr nicht, daß er, der alle Schranken niederwirft, dennoch nur Eine liebte, nur meine göttliche Mutter? Er aber rühmt sich nicht dessen, was keiner der Götter sich rühmen kann. O ihr Nüchternen, wenn ihr berauscht seid! Die Fesseln, die Dionysos löst, sind nicht Ketten wie sie euch binden, denen ihr nimmer entrinnt! Orion, kindischer! Wußtest du nicht: daß er ein König ist?

Ich grüße dich, Vater, Lösender, gnadenlos Bindender, und Dank für dein Kommen!«

Dann nahm Oinopion die Starrheit von allen außer von Orion, den er zu blenden befahl. Im grauen Morgen warfen sie ihn an den Strand.

Als der Starke erwachte, war er von allen verlassen. Da ihm das Licht seiner Augen genommen war, wich alles Leuchten von ihm, mit dem er vordem funkelte. Denn wo kein Licht eindringt, kann keines erstrahlen.

Der Held raffte sich empor. Er lauschte. Da vernahm er von ferne das Klingklang der Schmiede des Hephaistos. Tappend durch den lichtlosen Morgen, noch eh ihn Eos in seiner Schande sah, schritt er von Insel zu Insel, dem Läuten der fallenden Hämmer zu. So kam er nach Lemnos. Kniend bat er Hephaistos um Hilfe. »Ich kann es nicht, sagte der Gott. Nur Einer kann es, nur Helios, und nur in einer einzigen Stunde des Tags. Wenn sein Sonnenwagen über den

Saum der Erde schießt, so mußt du ihn bitten, einen Brand davon in deine leeren Augen zu schleudern. Dann wird sich dein Licht von neuem entzünden.«

»Führ mich hin,« bat Orion. Hephaistos gab ihm einen seiner Gesellen, der saß auf die Schultern des Starken; so war er der Steuermann. Der Blinde, das Haupt im Lauschen erhoben, folgte geduldig dem Zuruf des rußigen Knechts.

Wie ein Rasender kehrte Orion, als er das Licht seiner Augen und sein Sternenfunkeln wieder besaß, nach Chios zurück, um sich an Oinopion furchtbar zu rächen. Da aber kam Eos, vor der die Sterne erbleichen, und machte allem ein Ende. Über die Hügel von Chios sandte sie einen Skorpion, er kroch gewaltig am Himmel empor. Mit riesigem Stachel schlug er den Jäger. Der erstarrte für immer, an das Gewölb geheftet, funkelnd und wild.

Wir liefen bei heftig bewegtem Meere von Chios aus. Unser Segler sah aus wie Schiffe auf alten Holz-schnitten aussehen, etwas urtümlich, aber schön. So, als hätte er vor hundert Jahren auch schon, und also immer die Aigais befahren. Er hatte Wein von Sa-mos gebracht und schleppte den Duft von Keller und Faß mit sich hin übers Meer.

Der Kapitän, der seit vielen Tagen unrasiert war, nur drei gelbe Zähne hatte, trug einen blauen An-zug, der, obschon gänzlich verschabt, doch eben ein blauer Anzug war. Von den drei anderen Schiffs-leuten besaß jeder auf seine Weise ein originelles Erscheinungsbild, denn der Drang, alles, nur nicht uniform zu sein und frei über sich zu verfügen, ist in jedem Griechen voll Leidenschaft da: uralter, hellenischer, menschenwürdiger Wunsch. Der eine trug einen kreisrunden Strohhut überm Bartstoppel-gesicht, das war nicht alltäglich auf hoher See, der andere ein Trikothemd mit kurzen Ärmeln, natio-nalgriechisch blauweiß gestreift, und ein gelbes Tuch um den Hals, der dritte eine ehmals rote Schlossermontur, die durch Sonne und See zu einer kostbaren Farbe gebleicht war, mit zahlreichen schadhaften Reißverschlüssen und eine Baskenmüt-ze mit hervorquellendem Schopf. Eigentlich sahen sie wie die Seeräuber aus.

Aber diese Seeräuber hätten nie fertiggebracht, zu Abend zu essen, ohne mich teilnehmen zu lassen. Sie hatten einen irdenen Topf mit Fischen schon vor der Abfahrt gebraten, die einzelnen waren inzwischen durcheinandergeraten und etwas vermust. Es gab ferner gebrochenes, lockeres Brot. Käse und Wein. Das Leben war schön.

Es wurde dunkel, das Meer war bewegt, aber der Kapitän glaubte, es werde sich während der Nacht beruhigen. Ich stand an der Spitze des Schiffs. Es dunkelte schnell; man merkte am kurzen Übergang vom Abend zur Nacht, daß man dem Äquator um einiges näher war.

Es war gegen Mitternacht, als mir der Kapitän seine Kajüte anbot. Ich fror an Deck und war müd, doch der Vorschlag, ins Innere des Schiffes zu steigen, lockte mich nicht. Ich scheute die Wanzen, die in so alten knarrenden Kähnen zehntausendfach hausen. Um der Höflichkeit willen ging ich dann doch in die kleine Tiefe des Schiffes hinab, legte mich auf das Bett und schlief ein. Nicht lange, so erwachte ich wieder mit heißem Kopf, vom Ungeziefer gequält. Es war schwül in dem winzigen Raum, eine Öllampe dunstete sehr. Der Käptn trat ein, nahm ein Buch in die Hand und suchte etwas. Ich richtete mich in der Koje auf, er fragte, warum ich nicht schlafe. Wir sprachen; er wies mir das Buch. Es war ein Atlas zur Seefahrt in der Aigais: Holzschnitte auf grobem Papier, die Umrisse der Inseln, der Küsten, dazwischen Lotungszahlen des Meers, Leuchtfeuer und Skizzen von Häfen.

Siehe, da klomm über die Kimmung des Buchrands herauf eine Wanze und eilte zur Seite herein, wo zwischen den Holzschnittlinien viel Weißes war. Ich, voll Ekel und Zorn, klappte das Buch zusammen und erschlug sie somit. Dann sah ich ein: es war eigentlich eine Kränkung des Kapitäns, der ja Herr und Besitzer des Buches war und auch alles Belebten im Schiff. Er, höflicher, äußerte nichts, man sah aber, daß er sich überwand. Er war röter als sonst im Gesicht und sah angestrengt aus, während er blätterte und schließlich die Seite fand, wo im papierenen Meer, zwischen Naxos und Santorin der Wanzenfleck war. Er schob ihn mit dem Nagel des großen Fingers vom Buche und schwieg.

Ich ging wieder an Deck, mein Kopf war heiß. Das Meer war ruhiger geworden, der Käptn hatte es ja gesagt, es schaukelte schon nicht mehr so sehr. Der Mond war untergegangen, ich sah ins Schwarze hinein. Das Wasser schlug gegen den Kiel.

Nur wer sagen will, daß er empfindungslos sei, kann behaupten, er habe nie Angst. Ich hatte Angst, obwohl die Wahrscheinlichkeit eines Zwischenfalles nicht groß war. Es war auch weniger das, sondern, wie oft, ein unbestimmt vorfallender Schatten von einem Unheil — das wiederum nicht das letzte sein würde, sondern trächtig mit neuem.

Wer hat Angst vor dem Tod? Es ist nicht der Tod, es ist die Angst selber, die pure Angst vor allem was kommt. Sie reitet alle, die es leugnen und die es gestehn, die es merken und die es nicht merken und die sie in ihren Verkleidungen nicht erkennen.

Ja, wenn die Dinge immer kämen als das was sie sind! Aber sie kommen meistens maskiert, in immer anderen Verwandlungen, so daß sie keiner erwartet

47

und keiner erkennt: die Liebe, der Tod und das Glück, der Verführer so gut wie der Freund. Man wartet, wartet, und dabei ist es schon da.

Ich hatte es ja erlebt, wie Menschen vorher sich auf einmal zu verändern begannen. Das Unheil besaß sie schon gänzlich, es war schon entschieden, man sah es sofort. Nur sie selber nahmen nichts wahr. Sie glaubten, noch ihres Betragens sicher zu sein und dachten, niemand bemerke etwas. Aber der Tod, der sie ritt, sprang mit ihnen um, die Angst und der Tod.

Ich sah es an einem Freund in Athen. Er war ein Dichter und dichtete unaufhörlich, in geradezu quellender Lust. Überall aus Taschen und Mappen drängten sich hand- und maschinengeschriebene Gedichte heraus, Geschöpfe, die wie Blumen aufgingen, unbekümmert, ein wenig zu prächtig vielleicht und zu sehr ins Dunkle, Verhüllte verliebt, nach der Weise der Zeit.

Auf einmal, mitten im griechischen Sommer, kam eine gesteigerte Lebenslust über ihn. Er geriet in ein Festefieber, in ein taumliges Feiern hinein. Es begann eine Serie von ungestümen, durchtrunkenen und durchtanzten Nächten, was durch keinen äußeren Anlaß begründet war, zumal die Verhältnisse in Athen nicht eben den rechten Hintergrund boten. Er aber wurde plötzlich ganz rücksichtslos und eigensinnig, wie Kranke es sind, plötzlich, der prangend Gesunde, der Feinfühlige. Ein Kreis von Freunden zum Mitfeiern war da, denn er hatte sich schnell Freunde erworben, da er die Gabe besaß, Schranken zwischen den Menschen niederzureißen. Sein Quartier, das große Bürgerzimmer eines alten Athener Hauses, sank immer.tiefer in eine Unordnung hinein, da es zwischen den Festen gar nicht mehr zu sich kam. In einer Ecke war eine Ansammlung von leeren Flaschen, es waren wohl hundert.

Ich sah ihn das letzte Mal, als er uns eines Abends besuchte, leuchtend das unbekümmerte, runde Gesicht. Er blieb sehr lang da, weit in die attische Nacht hinein. Wir tranken. Er erzählte von einer Traumnovelle, die er eilends und ungestüm schrieb, und sinnloser Weise sagte er: » Wenn ich die noch vollenden könnte!«

Er blieb dann zur Nacht; so leicht und auf Improvisationen gestellt wie damals das Leben war, hieß das nichts weiter als eine Matratze zu finden und eine Decke: dann schlief er in einem Winkel des flachen Dachs, vom funkelnden Himmel überwölbt und vom samtblauen Linienzug des Hymettos beschirmt.

Wenige Tage darauf, ich war nicht in Athen, kam er ins Krankenhaus. Dort bemerkte er auf einmal, daß seine Füße ihm nicht mehr dienten wie sonst. Eine Lähmung kroch schnell, im Lauf dreier Tage, am Körper empor. Als sie am Brustkorb angelangt war, starb er einen Erstickungstod.

Auf dem Tisch seiner völlig verwüsteten Behausung lag das Manuskript dieser Traum-Novelle. Sie war nicht vollendet — war es ebenso sehr und so wenig, wie sein Leben es war: also doch vollendet; denn wir, die wir weiterleben, sind es, die nachsitzen müssen.

Die Novelle schloß damit, daß der Träumende, ihre Hauptperson, ein Kirchengewölbe betrat. Er irrte darinnen umher, erblickte am Ende des Kirchenschiffs eine Tür, eine kleine Helligkeit, eine geöffnete Pforte, schritt darauf zu und — hier wendete sich die Seite des Manuskripts, eine neue, feierlich leere und letzte begann, auf welcher nichts stand als:

». . . und trat ins Freie hinaus.«

Von Sonnenaufgang bis zum sinkenden Licht lief ich über die Insel. Es gab Berge in kraftvoll geballtem Blau. Es gab Wälder mit hohen Stämmen und Kronen, die rauschten; ihr Rauschen ging mit dem Rauschen des Meeres zusammen. Das Besondere aber von Samos waren die Täler, die sich zwischen die hohen Berge einfalteten und steil nach dem Meere zu senkten. Es waren nicht viele und sie waren nicht groß. Aber sie schütteten sich wie die Füllhörner hin. Es waren kleine Paradiese in fruchtender Pracht. Wein, Wein bis an die weißen Säume des Meers, Feigenbäume, Oliven und schwarze, vollkommen schöne Zypressen.

Von diesen Tälern blieb mir die Erinnerung, als ob aus ihnen, wie aus überquellenden Trögen der Samos-Wein rinne. Wie jeder Wein über sein Land das Wahrste aussagt, so steht diesen Tälern der rötlichgelbe, dicke Moskato und der dunkle, topasene Rhombola wohl an. Man denkt ihre schwertropfende gliederlastende Süße mit der wohllebigen wunderbaren Samos der alten Zeiten zusammen.

Auf den Straßen im Innern der Insel begegnete mir ein Bauer mit seinem Esel. Der trug beidseitig Schläuche voll Wein auf dem Rücken: homerische Ziegenschläuche, prall gefüllt, die sich mit Wohlbehagen betasten ließen.

Samos, der Name ist eine schwere Frucht, deren Saft in die Zähne schießt. Ihre Süße wäre zu süß, wenn nicht über den Tälern die spröde Anmut der Berge erschiene: so aber bleibt man in Griechenland.

Eine dieser Gartenbuchten blieb mir für alle andern in der Erinnerung. Zwei steinige Hügel erglühten rostbraun in der schleudernden Sonne. Dazwischen war ein Tälchen gesenkt, das in schattender Fruchtbarkeit als Juwelenwunder erschien. Der Hang war von uralten Steinterrassen durchzogen, als hätten die Menschen von je sich gemüht, die Kostbarkeit dieses Tälchens mit haltenden Händen immer noch einmal zu fangen. Dankbar war jede Handbreit genutzt. So waren es bäuerlich hängende Gärten. Man zog Mais, Öl, Orangen und Pflaumen, die Granatäpfel blühten lichtrot und der Wein kletterte über Spaliere.

Gegen das Meer endete dieses Gartenwunder in einer winzigen Bucht, die von Zypressen bewacht war. Das Wasser schlug auf den weißen Kies. Sein Saum war so klar als habe ein göttlicher Finger ihm diesen Rand und diese Grenze bestimmt.

Hier war alles wahr, einfach und schön. Ich glaubte die Herzkammer der Insel gefunden zu haben. Jeder Baum, der hier stand, jede Zypresse, jeder Ölbaum, der sein Sommerwindlied gegen den Himmel sang: alles schien eine letzte Wahrheit erlangt zu haben, vom Genius selber zurechtgerückt.

Es war ein Dichterort. Ich glaubte, das Homerische ganz gegenwärtig zu spüren. Die Stille der Vormittagstunden war vom Puls der Uferwellen geteilt; nur hie und da unterbrach sie ein Eselgeschrei. Es war die Stille, in der die Dinge beginnen, ihre eigenen Worte zu flüstern, die Stille, der die Gesichte der Dichter entsteigen, an denen Natur selber webt.

Ein Mädchen kam das Ufer entlang, eine Blume in Händen. Wir sprachen ein wenig; sie lud mich ein, in den Garten zu kommen, der hinter der Ufermauer lag. Ihre Mutter war dort; ich saß eine Weile bei ihnen am runden Steintisch unterm schattenden Baum. Das Mädchen träumte von Athen, nach dessen Glanz es sich sehnte.

Feierliche Fruchtbarkeit war ringsum.

Mich beherrschte die Vorstellung, es habe Homer in einem solchen Garten unter Bauern gelebt. Auch war etwas da, was mich an die Lebensluft des Tasso gemahnte, ohne das Höfische, das diesen umgab. Ein ländlicher Tasso also müßte jener gewesen sein, einer, der viel gereist war, Welt und Meere sah und, nachdem er das Licht der Augen verloren, in der Heimat einen Garten wie diesen fand, ein einfaches Leben, einfache Menschen. Wo die Sprache der Dinge so rein war, auch für den, der sie nicht mehr erblickte.

Ich bin gern früh daran am Tage und liebe es, Zeit vor mir zu haben, reichliche. Solang ich in Griechenland war, eilte es mir mit dem Morgenerwachen; ich konnte das tägliche Glück kaum erwarten, mit dem jungen Tage mich zu verjüngen. Ich erfuhr das Wunder des täglichen Neubeginns in so viel stärkerem Maß, als die Tage in Griechenland höher und festlicher sind in Jugend und Licht. Mit Lust trank ich den Morgenbecher voll Tau, den mir die ersten Stunden des Tages reichten. So empfing ich, Dankes und Bewußtseins voll, jeden Tag mein Maß an Wiedergeburt empfing die Gnade der Tilgung von allem was war, empfing die Gabe der Unschuld, denn ich wusch im Morgen mein Herz.

Jeden Tag fühlte ich stark, ich erblickte das Licht der Welt.

So befand ich mich in diesen Frühsommertagen auf Samos in einer seligen Wiederkehr jener kindlichen Ungeduld, die das Erwachen und Aufstehen niemals erwarten kann. Denn das Kind ist dem Schlafe ja feind. Der entrückt es dem Tag, in dessen Wundergärten es doch so gerne verweilt, dessen Halme und Blütenzweige es staunend ergreift. Das Leben erscheint ihm so lebenswert! Das Alter sucht den Schlaf und findet ihn nicht. Jugend ist Hunger.

Dort erfüllte mich das Wunder der Welt mit Hunger, und ich lebte, erfüllt von Begier, die immer noch wachsenden Tage des Jahrs, die immer noch steigenden Sonnen zu sehen, zu schmecken, zu atmen und nichts zu versäumen.

Am andern Ufer der Vathy-Bucht stand das Haus einer deutschen Familie. Im Garten am Meer wuchsen Orangen, riesige Blaufeigen, Bananen und deutsche Pflaumen, Äpfel und Birnen. Es war keine Lücke im ganzen Jahr.

An einem blausamtenen Abend lief ich um die seenhafte Bucht die halbe Stunde hinaus. Die Sterne begannen zu leuchten, der Mond erglänzte im Himmelsblau. Ein Grundstück lag von der Landstraße aus tiefer am Hang, dicht am Meer. Das Haus war weinüberlaubt, weinüberlaubt auch die Einfahrt, die sich in einer Kurve hinunterbog. Ich stand am Gitter, eine Klingel war nicht da. Es war nun, bis auf einen Streifen Licht überm Meer, fast dunkel geworden. Ich rief. Hinter einer Balkontür war Licht. Eine Hand raffte den Vorhang, die jüngere der beiden schönen Schwestern erschien im Schattenbild.

»Gleich bitte kommt wer« klang es herauf.

Schön, dies deutsche: Gleich bitte, im Nachtblau einer griechischen Meeresbucht.

Die nordöstliche Spitze von Samos trug auf schmalem Rücken hoch überm Meer ein Kloster. Es hieß: Quelle des Lebens.

Auf einem Weg, der mit glattgeschliffenen Steinen belegt war, lief ich bergwärts. Kleine Maultierzüge kamen entgegen. Auf jedem Tier saß einer in Bergen von Gemüse und Früchten, die das Innere der Insel herniedersandte. Ein Kind verschwand beinah ganz in der Menge der Güter. Es war nur ein schaukelnder Mittelpunkt seiner grünen Fracht, seiner Körbe und Säcke und Bündel.

Am Rand eines abgeernteten Felds standen ein, zwei, drei Lilien. Hohe, weißwilde Lilien. Sie nickten im Wind, der vom Meere her fuhr. Es war das erste Mal, daß ich Lilien auf dem Felde erblickte; ich merkte, daß ich näher dem Morgenland war. So füllen sich nach und nach im Leben die Krüge des kindlich Erlernten mit dem Wein des Erlebten an. Im Bild dieser kühlweißen Kelche auf Ackergrund empfand ich das Reicherwerden im fortschreitenden Leben.

Der Weg führte bergauf unter Kiefern. Zwischen den Stämmen leuchtete in der Tiefe das Meer, sonnenbesponnen.

Der Klosterbau droben war ein vorgeschobener Ostpunkt des Abendlandes. Ein hundertjähriger Rosenstrauch überrankte das Holzwerk am Altan. Auf dem sauber gepflasterten Hof schritten Zypressen in Prozession. Es war ein Ort, sich zu versinnen.

Ich saß lang auf den Steinstufen einer Zisterne. Hier war mir wohl. Mich durchrann die zeitlos weltüberhobne Entrückung dieser Quelle des Lebens. Hier kannte man nicht den Wert, auch nicht den Schmerz einer Stunde, eines Tags, eines Jahres, des Lebens, nur immergleiches, waldumrauschtes Glockenklingen der Einförmigkeit.

Es war mir neu, daß ich Sehnsucht nach so einer Lebensform in mir fühlte, und sogar Neid. Sogar das Gefühl, als habe ich etwas versäumt, da ich nicht so lebte wie die, die alles mit Willen versäumten.

Während ich noch auf den Steinstufen saß, merkte ich, daß irgend jemand mit Kirschkernen nach mir warf. Ich blickte mich um. Da saß im Kirschbaum ein Diakon, ein schwarzäugiger Knabe, der schon den Rundhut der Mönche und die langen Haare zum Knoten aufgeschürzt trug. Er lachte. Er war vom Abt herausgesandt worden, um mir ein Körbchen Kirschen zu pflücken, ich hatte aber sein katzenleises Kommen und Klettern überhört. Das belustigte ihn und trieb ihn, seine Überlegenheit auszukosten.

Er war der einzige Klosternachwuchs. Der große Bau hatte nur noch zwei Mönche. Aus solchem Kloster-Sterben quoll Melancholie.

Der Abt, schwarzseiden gekleidet, gepflegt, war eine Erscheinung voll Würde und Ernst. Der große Bart war sorgfältig gekämmt, aus dem Schwarzen schimmerten weiß die Zähne, der Haarknoten war schön gewickelt, die feinen Hände voll überraschender Gesten. Er saß, ohne sich anzulehnen und seine Stimme hallte durch den kahlen Raum seiner Zelle. Auf die Frage, ob man nur jung ins Kloster eintreten könne oder auch späterhin noch, erwiderte er, es sei gleichgültig, wann wir begännen, ein Leben in Gott zu führen, wichtig sei nur, daß wir es einmal tun.

Er führte mich auf die Dachterrasse des alten Baus. Da wuchs ein Hollunderstrauch, er blühte über und über. Über die Kronen der Kiefern hinweg sah ich weit über die Insel, über das Meer und über die Küste, die drüben dem Meere entstieg, schimmernd die Gegend von Ephesos.

Ich sah ein, so deutlich wie nie zuvor, daß das alte Griechenland seine Gewichte nicht im Festland, nicht im Mutterland hatte, nicht in Sparta und nicht in Athen. Die wahre Ankermitte ruhte im Meer. Nicht Länder, nicht Kontinente lagen den Griechen im Sinn. Nur die Küsten. Nur das Feingegliederte, das Verästelte, Meerumspülte war ihnen recht, nur was diesem belebenden, alles verbindenden Stoff, dem Meer, der Mutterlauge erwachsen war.

Über dem Kloster wölbte sich noch die Kuppe des waldigen Vorgebirgs auf. Es war ein Felsenhügel hoch überm Meer. So ragende Kiefern hatte ich in ganz Griechenland selten gesehn oder nie. Wenn solch ein Wald für einen besonderen Ort aufgespart war im Schöpferplan dieses göttlichen Lands, so war es hier recht. Das anatolische Ufer war nahe, es war die engste Stelle, die irgendwo griechische Inseln vom Festlande trennt. Es war nur ein Sprung über den Sund. Drüben erhob sich das bergige Ufer Kleinasiens, das Vorgebirge Mykale, braunrötlich und kahl.

Zwischen den hohen Bäumen war rings im Kreis in der Tiefe die Meerflut zu sehn, edelsteinblau, wellengerauht, lichtübergossen, ein Silbergesprüh. Darüberhin Möven.

Die Wipfel rauschten im ewigen Wind. Wie? Hatte ich nie Wipfelrauschen gehört? Oder waren mir neue Sinne erwacht? Mir war, als hätte ich nun zum ersten Male das Rauschen des Rauschens vernommen.

Es hätte Iphigeniens taurischer Hain sein können. Da war das Griechenlandferne, halb schon Heimatentrückte, Einsamkeit, Hochwald — heimlich für uns, für den Griechen eher barbarisch vielleicht. Auch das Gestadeferne war hier.

Am südlichen Ufer der Insel lag das Heiligtum der Hera, einst Samos Ruhm.

Wie der Pilgerweg von Itea nach Delfoi hinauf oder der Wallfahrtweg nach Eleusis schon im Bann des kommenden Heiligtums sind, so war der Uferweg von Tigani nach dem Heraion auch schon ein Glücksgeschenk.

Einer Sense gleich zieht sich der scharfe Meeresbogen zwei Stunden zum Tempelplatz hin, hingeritzt in sanftoffenem lachenden Schwung. Ufersaum, geworfen, so wie der Sämann den Fruchtwurf hinwirft! Bogen, so zart!

Weißer Kies entstieg der tintig blauen See. Während ich über die Steine lief, rollten die Wasser in blasigem Schaum den Strand hinauf. Man sah von fernher die Welle kommen, die dann, zum Milchteppich verebbt, den Fuß überschäumte.

Tag und Nacht, Stunde um Stunde, Jahrhundert um Jahrhundert warf so das Meer seinen Verehrungsgruß der Tempelstatt zu. Denn die lag nicht hoch überm Meere wie Sunion. Alles ist unwiederholbar in Griechenland. Dieser Tempel am Meer war wie zum Bad der Göttin gemacht. Das ewige Wasser wusch ihn mit salziger Frische.

Die Nähe des Meeres machte den Tempelbereich zu einem salzigen Sumpf; was ausgegraben wurde, versank alsbald wieder im feuchten Grund. Schlangen und Kröten beherrschten das Feld. Die berühmte eine ragende Säule war voll Melancholie: oft im Süden erhebt, mitten im strahlenden Licht, plötzlich Melancholie ihr Haupt. Lavendel duftete stark, eine rosablühende, weidenartige Staude war das Eigengewächs dieses Orts. Dahinter wogendes Korn. Grillen zirpten, Lerchen trillerten aus dem Blau.

Wie wunderbar war einst wohl dieser Platz um den herrlichen Tempel am Meer! Es ist zu träumen erlaubt. Der Pfau war der Hera heilig, dieser Hera, die nicht die Häusliche war; in der Argolis waren es Tauben. Hier war es die bräutliche Göttin, umgeben von Liebeszauber und Hochzeitmusik, und der Pfau, der fremde Wundervogel, der aus dem Orient kommt, war ihr Tier, purpurblau, goldüberperlt. Vielleicht schritten Hunderte solcher herrlichen Tiere im Tempelbereiche einher.

Aber was Pfauen! Vor allem war da ein Heer der köstlichsten Bilder um den Tempel geschart. Samos hatte sehr früh seine glänzende Zeit. Das erste Lächeln menschlicher Bilder, das archaische Lächeln voll Geheimnis und Tau, voll Morgenstaunens der neuen Welt: hier auf Samos ist es erblüht. Es ist das Kinder-Lächeln der griechischen Kunst.

Diese Mädchenbilder! Die Gewänder rafften sich köstlich und streng um die Fesseln. Die Falten schnürten sich um die Schlanken, es sah aus, als schieße der Schaft einer Palme empor. Sie standen wie Säulen. Schräge Schultermäntelchen, zierlich geknöpft, rieselnder Faltenfluß, Perlreihen der Haare: es war, als dufte der Stein!

Diese Jünglinge! Es waren die ersten Nackten der griechischen Kunst. Als man die ersten dieser frühen Steinbilder fand, hielt man sie für Götter und nannte sie den Apollon von Tenea, den von Melos, den von Delfoi. Aber das ist es nicht. Nicht Götter sind es, sondern Menschen, Göttern dargebracht. Glückliche Menschen, neugeboren in junger Welt. Sie trugen ihre Körper wie die Fackeln einher. Sie brachten der Göttin ihr Dasein zu Ehre und Dank, schönstes der Opfer, das ein jeder von ihnen besaß.

Die Funde auf Samos sind, wenn man davorsteht, traurig gering. Da ist ein Schenkel, eine Schulter, der Teil eines Haargelocks: das ists was uns blieb.

Archäologie, heldenmütige Wissenschaft! Wissenschaft der Trümmer und traurigen Reste! Oft ist es, wie wenn man, aus einem Traum erwachend, sich des Schönen nicht mehr erinnern kann, das man sah. Nur ein Klang ist noch da, vielleicht die Ecke eines herrlichen Bildes, das man eben noch zur Gänze erblickte. Nur der Nachklang einer Saite, die irgendwer anschlug. Manchmal ist es auch gar nichts, nur daß man sich zu erinnern glaubt, wie die Dinge im Raum zu einander standen, ohne daß man noch sagen kann, welche Dinge es waren. In einem Steinhaus, das Funde enthielt, stand die Basis einer Weihgabe. Man erkannte die beiden Gruben im Stein, die einst die Sohlen aufnahmen und den leicht geöffneten Schritt der verlorenen Plastik bezeugten. Die Füße waren nicht auswärts gestellt, wie man sah, vielmehr nach Art der Läufer gleichgerichtet geradeaus.

Im Scherz stellte ich mich auf die leere Plinthe und versuchte, die Haltung dieser steifen Jünglinge einzunehmen: den Kopf sehend erhoben, die Arme so angelegt, daß die geballten Hände die Schenkel berührten und an den Hüften ein freier Raum sich ergab, und die Füße zum Schritt geöffnet.

Da wurde ich inne, wie wertvoll es ist, die Haltung von Statuen nachzuahmen, wenn man sie wirklich begreifen will. Nachzuahmen, nicht immer nur anzusehen! Sie wollten gar nicht so viel angesehen sein, wie wir glauben, wir nachgeborenen ewigen Museumsbesucher. Sie waren nicht Schaubild, sie waren sie selbst. Ihre Frommheit sprach aus: Göttin, hier unser Sein!

Drei Stunden lang stieg ich in griechischer Sommertagsglut über den Berghang, der einst eine der reichsten, verwöhntesten, hochmütigsten Städte trug: des Polykrates Stadt.

Nichts war mehr da. Nichts außer ein wenig Schutt, den die Bauern zu Feldrainen häuften. Tonscherben bedeckten die Felder — es erhielt sich gerade das, was die Bürger von Samos einst wegwarfen. Eine Wunde im Berg: die Stätte des alten Theaters. Der dunkelfeuchte Höhlengang einer Wasserleitung, ein Wachturm und die Stadtmauer, deren Fundamente über den ganzen Hang hinauf zu verfolgen sind. Fern überm Meer der Hinabsturz des Mykale ins Meer, des violetten Gebirges, im Flammenzug seiner Gipfelkontur. Dort droben stand das Kreuz, an welches geheftet im heißen Mittag der König hing, Polykrates ohne Glück, kein Polykrates mehr.

Am oberen Zug der Stadtmauer stand eine Klosterkapelle. Der Vorplatz war von vier Zypressen beschirmt, die ihre dunkelseidigen Flammenkerne in die zitternde Sonnenluft sandten.
Ein Mädchen kehrte den Hof, weil Samstag war. Viel Verstand war nicht in ihrem Tun, der Kehricht war dann nur anders geordnet. Hinter dem Kirchlein war ein kleiner Platz mit einem Orangenbaum, einer Feige und einer zartgrünen Kiefer, in deren Zweigen die Kirchenglocke hing: so ging es auch. Ein Bänkchen stand da für den Pappas. Aus Steinen wucherte riesiger, gelbblühender Kaktus, ein junger Ölbaum war wie ein Kind unter Erwachsenen. Lorbeer schattete über einem jonischen Säulenstumpf. Stelle kein Leser dieses Idyll sich zu großartig vor!

nicht zu szenenhaft, nicht zu gepflegt! nicht italienisch! Es war eigentlich nichts. Ein bißchen zufällig wars, ein bißchen schlampig, ein bißchen verwahrlost — und gnadenvoll schön!

Und lag nicht dem Platz die Aussicht zu Füßen, die ehmals dem glücklichsten König genügte?

Es war einer der Plätze in Griechenland, an denen die Stunden verrinnen. Zeit ohne Zeit. Ein Tag wird dann zu Nichts. Zu nichts als einem Hinsinken, einem glücklichen Fall ins Vergessen. In ein geleugnetes und doch gelebteres Sein.

War es immer so hier?

Auf dem Hang, den ich übersah bis hinunter zum Meer — da stand doch einmal die Stadt, die voll Glanz war? Da sah sie doch hin übers Meer, das ihr gehörte, lichtestes, süßblaues Meer mit den schwimmenden Blütenblättern der Inseln darauf, die ausgebreiteten Arme der Bucht ließen sie treiben nach Herzenslust vor sich her? War es nicht ein lachendes Reich? Grausam vielleicht, wohl auf List gegründet, Willkür, Gewalt, — doch ein lachendes Reich; und so zärtlich die Farben waren, die Linien, der Himmel im Licht, so sehr war der Herr kein dunkler Barbar, sondern ein Spieler auf Glück, in Laune, voll Geist, ein Meister im Schwelge-Genuß.

Hier war doch das Glück, hingeschüttetes Glück! Die Götter schienen einmal zeigen zu wollen, wie weit sie es kommen ließen im irdischen Glück, eine irdische Zeitlang, bevor die Tafel schnell wieder zum Schwarzen gelöscht war!

Wie es scheint, war es diesem König weniger darum

zu tun, die Insel, sein Reich, zu großem und sicherm Bestande zu führen, als die Wunderblüte einer einzigen Nacht und eines einzigen Tages zu treiben, um Rausches willen, auf daß das Jonische, schäumend und schön, einmal zum Höchsten gelange. Erfolg auf Erfolg! Sieg nach siegreichem Sieg! Alles gelingt! Alles scheint auch von Dauer, denn es geht lang! Der Hafen birgt eine Flotte, hundert Schiffe bringen vom Meere den Fang. Kostbare Frachten für Ephesos, für Milet bestimmt, werden nach Samos geschleppt und in Scherz und Lüge heißt es dann noch, es werde Hera der Raub zugebracht. Alle zahlen, Freund sowie Feind, und der König scherzt. Auch den Freund muß man berauben, sagt er. Denn wenn er es wiederbekommt, ist er ein besserer Freund, als wenn ers gleich selber behielte.

Da kamen die Künstler, sie waren gerufen. Die Bildner, die Goldschmiede, die Dichter — Musik! Die Baumeister bauten einen Palast, der die Welt erstaunte, der Goldschmied machte als Schönstes vom Schönen den Ring, den der Fischer vom Meer zurückbrachte. Anakreon — ach, nun war der gekommen, dem zum Lebensjubel zu singen sich lohnte! Er hatte sein halbes Leben verwartet, nun sang er, ein Diener des Glanzes und goldenen Glücks, dem Glücklichsten zu im rauschenden, immer erneuerten Fest, den Liebesmädchen, den Lieblingsknaben des Herrn.

Ganz Griechenland sah: hier war ein Besessner des Glücks. Man fragte, wie lang es noch gehe.

Das Meer war leer, leer, soweit ich es sah. Die Mykale drüben war wie der Schlußstrich unter ein Schicksal. Tausendmal glitt mein Blick den Sensenschwung zum Heraion hin. Ich weiß, daß sein Zug sich mir einschrieb in Herz und in Sinn. Wie man sich eben, derweilen man lebt, einen Armvoll Bilder pflückt von der Wiese Welt.

Wenn man vom Meer in Stadt und Hafen Rhodos ankommt — mag einer auch viel von der Welt gesehen haben, er wird gleichwohl staunen. Hügelauf die vollkommene Ritterstadt! Hier, am Rande des Morgenlandes so viel Gebautes aus abendländischem Geist! So rein erhalten, wie es im Abendland selber sich kaum erhielt. Die ummauerte Stadt: Gräben und Wälle, Zinnen und Tore, ringsum mit einem Blick zu verfolgen! Und wie blüht hier der Stein im Morgenlicht! Diese Tore! Dickbäuchige Türme, zu zweien gekoppelt, Kirchtürme, Minarette und Kuppeln! Gärten mit dunklen Zypressen, hängende Gärten hoch auf den Zinnen! Ein ungeheurer Palast auf der Höhe der Stadt. Ist er alt, ist er nachgebaut? Es ist alles mit Traumhaftem vermischt.

Und die neue Stadt am Hafen: wo kommt das alles nur her? die Hafeneinfahrt mit den zierlichen Säulen, dahinter am Ufer ein neues Venedig: Loggien, Paläste, Säulen, Kirchen, bunter Marmor, Treppen und Plätze!

Staunenswert. Der Einschlag des Wunderbaren, des Traumhaften ist stark. Der alte wundersüchtige Geist, der einst die Stadt der Ritter ins Leben rief, ist jetzt in diesen Jahren noch einmal wiedergekommen und hat in einer Art Fieber, einer Art Wahn, noch einmal Ritterbauträume geträumt, und mitten in Griechenland entstand etwas, das ganz ungriechisch ist. Denn dies Neue ist römisch, ganz und gar.

Es ist ein Schaustück, für Fremde gemacht. Es ist ein Bäderfrühling mit einem Schmeicheldasein. Es ist schnell gewachsen, ein bißchen zu sehr aus der Schachtel, ein bißchen Ausstellungsarchitektur. Es ist auf Anspruch und Geltung gestellt und nach außen gewandt. Das ist das Griechische allerdings nie. Griechisch ist Wildwuchs.

Doch das gilt nur der Neustadt, die die Italiener erbauten. Die Altstadt, der rhodische Rittertraum, ist ganz rein. Welch ein Wunder! Plätze und Straßen, Winkel, Bogen und Tore, alles ganz rein. Das Auge kann nisten und siedeln, wie es dem Mittelalter Bedürfnis war. Die Ritterstraße, schmal und bergan, ganz rein, eine südlich beruhigte Gotik. Grauschimmernd der alternde Stein. Bauträume der Ritter, deren Sinn ganz aufs Phantastische, auf Romantik aus war: abendländischer Sinn, auf der Morgenlandfahrt beflügelt.

Eine Straße des fünfzehnten Jahrhunderts, so wie sie war: wo gibt es das noch? Da fehlt nichts und nichts Störendes ist dazugetan. Das Abendland selber, baugemuter, aber auch zerstörender als man hier ist, vermochte es nicht so treu zu bewahren. Denn lang bevor die Zerstörung unserer Tage begann, begann der Ruin der alten, langsam gewachsenen Städte. Seit hundert Jahren klagt man, und nicht ohne Grund: das Alte sei nun dahin.

Hier aber war Jahrhunderteschlaf. Hier folgte nichts. Als man in unseren Tagen zu restaurieren begann — und unsere Zeit restauriert gerne und gut, sie übt es fast ebenso fleißig wie das Zerstören —

so brauchte man nicht viel mehr zu tun, als etwas türkische Zutat abzuklopfen: Balkone, Haremsgitter, — und das alte, das reine Mittelalter war wieder da.

Im hohen Garten am Ritterpalast blühte es über und über. Die Orangen blühten noch immer und Geranien, Rosen und Nelken blühten schon. Junge Zypressen standen vor alten Mauern. Über den Zinnen das Meer war in Sonnenglanz zur puren Silberfolie geworden. Die anatolischen Berge, in Zartheit genau, entfalteten sich blauduftend wie Blütenblätter jenseits des Meers. Ich hätte in dieser Stunde nicht sagen können, wo es schöner sein könnte auf der allweiten Welt.

Ein Ölbaum blühte. Solang ich nun schon in Griechenland war, ich besann mich nicht, einen blühenden Ölbaum gesehen zu haben. Er blüht nur sehr kurz, man muß es erhaschen, bald eilt er weiter zum Früchtebereiten, zum mühsamen Ziehen des Öls aus der Erde.

So bescheiden der Baum ist, so ist die Blüte. Nur kleine Perlchen sind es, und sie sind hinterm Silbergraugrün der einzelnen Blättchen verborgen, auch duften sie kaum, nur ganz leise, kaum zu eratmen, nur etwas Ruch nach Jugend und bitterer Klarheit. Jungfräulich, athenisch.

Die Blätter standen am Zweig schräg hinter einander wie Gefieder des Pfeils. Das einzelne Blatt ist wie eine Vogelfeder so groß. So trug es die Taube, das Ölblatt, als Friedensverheißung.

Ich brach mir vom blühenden Baum einen Zweig.

68

Auch das ist vollkommen an diesem Baum. Das Reis bricht sich leicht in kurzem, entschiedenen Bruch und ist dann fertig zum schönsten Kranze der Welt, vorbestimmt zum Schmuck eines Haupts.

Auf den Mauern der Ritterstadt, auf dem heißen Stein, der vom Meersonnenwind überlaufen wird, kann man durch Stunden hin gehen. Auf den Bastionen blühte felderweise der Mohn. Grausilberner Stein und rot überflammt. Kein Mensch war da droben. Zinnen, tiefe Gewölbe. Brunnen taten sich auf, in deren Grund man ein Lichtauge sah und sein winziges Bildnis.

In die Gassen und Gärten und Höfe der Altstadt konnte man sehen, so wie Aladin im Wunderflug in die Häuser sah. Da wusch ein Mädchen am Trog. Ein schwarzes Schwein wälzte sich, und in seinem Freßnapf sprang eine Ratte. Überall Küchengekoch. Kinderlärm drang herauf, der in allen Sprachen gleich klingt, und das Gemecker einer angebundenen Ziege, die im Umkreis des Haltestricks nichts mehr fand und mit ihrem Schicksal, dem Strick, ins Hadern geriet.

Da schwebte durch die Mittagsluft ein Flattergesang. Wahrhaftig, vom Minarett! Der Ruf, der die Stunde verkündet und dabei voll Zeitlosigkeit ist und Zeitenverachtung: so hab ich ihn auch einmal mit lauschendem Ohre gehört.

Ich bat den Mufti von Rhodos, einen freundlichen Herrn, mir den Ruf des Muezzin vom Minarett zu erklären. Ich vernahm: er singt arabisch; in der ganzen islamitischen Welt singt er so, wie sonst die

Landessprache auch sei. Er singt fünfmal am Tag, bei Sonnenaufgang, am Mittag, wenn die Sonne am höchsten steht, dann am Nachmittag, wenn die Schatten doppelt so lang sind wie das Ding, das sie wirft, dann bei sinkender Sonne und im Anbruch der Nacht.

Er singt: Allach ekbar, Gott ist groß. Ich glaube, daß kein anderer Gott ist als Gott, und ich glaube, daß Mohammed sein Prophet ist. Laßt eure Arbeit, kommt beten. Wer beten kommt, dem wird vergeben werden. Gott ist groß, es gibt nichts Größeres als ihn.

Am Freitag, dem Sonntag der Moslemin, folgte ich dem Rufe vom Turm und ging zu Sulimans Moschee. Durch die hölzerne Säulenhalle eilten Gläubige zu Allachs Dienst; teils waren sie mit Pluderhose und Turban gekleidet, teils im langhosigen, langweiligen europäischen Straßenanzug. Das Innere der Moschee war ohne Geheimnis, es ähnelte einem verblichenen Saal aus dem Rokoko, die Farben hielten sich zwischen Hellblau und Weiß. Tafeln mit Koransprüchen an den Wänden glänzten mit Gold. Der Boden war ganz teppichbelegt, schichtenweise übereinander bis in den letzten Winkel des Saals. Durch die Fenster floß weißes Licht.

Am Eingang zogen alle die Schuhe aus und blieben barfuß oder in Strümpfen. Es waren nur Männer da. Der Muezzin vom Minarett tat jetzt Mesnerdienste. Er war ganz prosaisch in einen altgrauen Straßenmantel gekleidet und trug eine Baskenmütze, die er auf dem Kopf behielt. Er sang seine schwankenden Vierteltöne, die Stimme kam niemals zur Ruhe und flatterte immer im Käfig einer kleinen Spanne von Tönen umher.

Ich stand am Eingang und war bemüht, meine Rolle unauffällig zu halten. Aber es sprang jemand herbei und rollte vor meinen beschuhten Füßen einen schönen Gebetteppich noch über die anderen Teppiche hin. Dergleichen hatte ich nirgendwo in der Christenheit gegen einen Andersgläubigen gesehen.

So spürte ich die freundliche Nachsicht des Moslem gegen den Christen, den er nicht haßt. Der Mufti hatte mich auch darüber belehrt. Die Glaubenskämpfe zu Türkenzeiten fallen durchaus nicht der Lehre zur Last, sagte er mir, im Koran steht nichts davon. Denn der Moslem weiß, daß sein Gott auch der Christengott ist, nur daß er es nicht versteht, wie man bei Christus verharrt, wo doch ein neuer Verkünder, Mohammed, gesandt worden ist.

Der Geistlichen, der Imam, waren es vier. Sie trugen schwarzseidene Mäntel und Feze in leuchtendem Rot, die von weißen Binden umwickelt waren. Sie hatten gepflegte und knapp geschnittene Bärte. Einer von ihnen stieg auf die Kanzeltreppe, die aus Holz und vergoldet war, und sang dort halb sprechend. Es war die Feiertagspredigt.

Neu war mir die Gebärde der Andacht, die die Gläubigen oft wiederholten. Sie hielten die Hände wie Flügel zu Seiten des Kopfes, der Daumen lag hinterm Ohr.

Immer von neuem verneigten sich alle nach Süd-

osten, gegen Mekka, bald alle zugleich, bald jeder
nach eigenem Willen. Aus knieender Haltung wurde
Kopf und Stirn fest an den Boden gedrückt. Es ist
eine starke Gebärde der Demut ohne Zerknir-
schung, der Einkehr und Sammlung. Es hat ja wohl
jeder einmal erfahren, wie Gebärden auch rückwärts vom Äußeren auf das Innere wirken; die
Seele, die sich einen bestimmten Ausdruck erschuf,
läßt sich von dessen Körperlichkeit oft wiederbe-
stimmen, indem sie dasselbe, was einst die Geste
hervorrief, wieder erzeugt.

Ich habe dem Orient, dem Türkisch-Arabischen mit
seinen Moscheen, Basaren, mit der Harems- und
Sultanswelt eigentlich nie besondere Neigung ent-
gegengebracht. Nun aber, da ich zum ersten Mal
etwas davon wirklich sah, tat mir die beruhigte Ge-
sittung wohl und die Versenkung, die vom Handeln
nicht so viel hält und so viel Traum- und Hebe-
kraft hat, schien mir verehrungswürdig zu sein. Je
weiter man eindringt in Zeiten und Welt, desto rei-
cher wachsen einem die Möglichkeiten heran, zu
verehren und Geformtes gelten zu lassen. Desto
geringer sieht man sich in den Stand gesetzt, in
Bausch und Bogen urteilen zu können. Der Haß
bringt solche Sammelurteile leichter hervor als
Kenntnis, Erfahrung und Liebe; wer aber haßt, dessen Auge verdunkelt sich. Der Weise — und man
möchte, solange man lebt, doch ein paar Schritte
der Weisheit entgegen gelangen — vermag am
Ende nicht mehr zu hassen, wo irgend Gestalt sich
zeigt. Wer zu hassen sich vornimmt, hat genug da-

mit zu tun, das Gemeine, das Stumpfe und Platte zu hassen, Ungestalt, Unrecht, falschen Schein und Gewalt.

Hinter den gotischen Ritterhäusern liegen Gärten, die schlafen: ein traumverlorenes Reich. Es sind Stadtgärten im alten Sinn, wie die Patrizier in Augsburg und Nürnberg sie hatten, ummauerte Zellen mit kunstvoller Blumenzier. Sie hatten nicht wie unsere Gärten den Wunsch, ein Stück Natur zu sein, sie wollten seltenes Gewächs und Fremdländisches zeigen.

Man geht im Innern eines der Ritterhäuser eine Steintreppe hinauf und findet sich droben, wo man es nicht mehr erwartet, in einer Wildnis blühender Bäume und Blumen. Ein hängender Garten. Dann kommen wieder unvermutete Treppen hinab und eng umschlossene Höfe: versunkene Schatztruhen von Gärten. Ein Zitronenbaum sandte Blühwolken aus, dunkler Lorbeer, Zypressen. Griechischer Jasmin und blaue Glyzinien wuchsen über die Mauern. Heckenrosen, Aloe in Töpfen, Pelargonien, Akazien mit süßlila Blütentrauben von verwirrendem Duft, hochstämmige Oleander und ein Gesträuch, das papageienhaft blühte, rot und gelb, wie ich es niemals gesehen hatte. Alte Ziehbrunnen lagen schwarz unterm Eisengewinde.

Auf einmal stand ich in einem türkischen Pavillon. Es war ein leichtes, aus Holz gebautes Geviert, Bogenfenster auf allen Seiten. Ein Wandbrunnen rann. Am lieblichsten war die Decke des Raums.

Ein Himmelsküpplein war zärtlich gewölbt und blau bepinselt und rotdurchbrochene Zier. Vordem lagen hier sicherlich Teppiche über dem Boden und hingen an den Wänden herab. Seidene Kissen und Kaffeeduft. Dann sah ich auf Blütenbäumen Märchenvögel flattern und hüpfen. Goldfasanen mit blauschillernden Krausen, die sich im Nicken übers Federkleid schoben. Es war des Fabelhaften in der Neuzeit beinah zu viel. Das Allzuwunderbare löste sich auf, als ich einen Gärtner — er gärtnerte nicht, sondern saß träumend auf einer steinernen Bank — darum fragte. Dem Pavillon benachbart war nämlich eine Volière. Der Besitzer war weggezogen und hatte die Gitter des Vogelhauses geöffnet. Aber die bunten Vögel waren noch an den stillen Garten gewöhnt und blieben.

Ich dachte in diesen türkischen Gärten an das Geschichten-Erzählen, das hier beim Gewölk der Wasserpfeifen geblüht haben mag und das jetzt noch auf Rhodos in den Tavernen, kunstlos vielleicht, im Schwang sein soll. Einen Geschichten-Erzähler, wie es sie im alten Persien und China gab, hätte ich mir immer einmal zu hören gewünscht. Bei uns hat sich leider alles dem Papier zugewandt und manches Talent ist verkümmert. Oft ist gerade solchen Menschen die Feder fremd. Aber zweimal habe ich Erzähler-Talente von überragendem Range erlebt, die es vermochten, Stunden um Stunden Zuhörer mit magischen Stricken zu fesseln, so daß ihnen die Kehlen trocken wurden vor Staunen und sie von den Sesseln rutschten, hingezogen zu ihm. Solche

Erzähler vermögen uns selbst zu entrücken — was ja in jedem Fall unsere größte Seligkeit ist. Sie müßten reisen, die so Begabten, an eigenen Abenden sprechen und zu Ruhm und Namen und Wirkung gelangen, denn nur so werden Talente entwickelt. Handwerk und Mundwerk sind darin gleich.

Die türkische Bibliothek war in der Nähe der Suleiman-Moschee. Der Imam mit dem Prophetenbart, den ich vom Gottesdienst kannte, wohnte dort. Ich hatte ihn auch eines Morgens in der Altstadt gesehen, am Morgen nach einem Brand, wie er ohne Seidenmantel und ohne Fez, hemdärmlig, bestaubt, den betroffenen Bürgern half.

Die Bibliothek war in einer kleinen aufgelassenen Moschee, die überblüht in einem Gartenhof lag. Der Imam empfing mich und führte mich. Im ersten Raum waren Raritäten und ein Skelett, im zweiten Bücher. Es waren arabische Handschriften.

Die wissenschaftlichen sahen schlicht aus, doch auch sie waren aufs schönste geschrieben. Die kleinen Korane aber waren von außergewöhnlicher Pracht. Ich sah feinste geschnittene Ledereinbände, sie waren gold-, blau- und rotunterlegt in dem ewig sich wandelnden, ewig beharrenden Teppichbild. Im Innern mit dem Glättzahn polierte, spiegelnde Blätter und Seiten mit goldumrahmtem Text. Wo jeweils eine Sure begann, war ein Arabeskenschild auf goldenem Grund.

Man liebt Bücher, deren Sinn man nicht zu erfassen

im Stande ist, rein als Bücher, als Schreine des Geistes, vielleicht noch mehr. Aus diesen Blättern und Zeichen stieg der volle Rauchduft des Orients auf.

Der Imam, gütig, voll Langmut, schrieb mir etwas Arabisches vor. Er nahm das Schilfrohr, den Kalamos, mit dem auch die Alten schon schrieben. Ein arabischer Satz, der in einer europäischen Sprache und Schrift wohl eine Zeile lang gewesen wäre, schwand wie durch Melusinens Zauberring auf geringen Raum ein. Er schrieb: Es kommt ein deutscher Freund, unsere Bücher zu sehen. Das war nur ein kleines Stück Schrift, und mein Name, buchstabengetreu, war nur ein Siegel. Die Zeichen sind voller Tiefsinn und voller Magie, sie saugen den Sinn an. Ich konnte verstehen, daß die Araber ein schön geschriebenes Blatt höher bewerten als etwas Gemaltes.

Manches Türkische sah ich auf Rhodos noch. Da waren die Bäder. Es waren Gewölbe und Kammern, die ganz mit Dampf angefüllt waren. Aus steinernen Trögen goß man sich Wasser aus Schalen über den Leib, immer neues, warm zufließendes Wasser, denn der Orientale verachtet es, sich in stehendem Wasser zu waschen; er sagt, man wasche sich dann im eigenen Schmutz. Der Grund der steinernen Tröge war so gearbeitet, daß die messingnen Schalen, mit denen man schöpfte, genau in die Höhlung paßten, so daß man beim letzten Schöpfen den letzten Tropfen des Wassers erfaßte.

Und türkische Brunnen mit Koransprüchen gab es

viele auf den Straßen der Stadt und der Insel. So nah der Türkei hat sich das Türkische stärker erhalten als in Griechenland selbst. Noch im vorigen Jahrhundert sahen die Reisenden Griechenland ganz im türkischen Kleid. Seitdem ist das Meiste, was an die vierhundert Jahre Türkenzeit erinnerte, aus dem Bild des Landes getilgt. Die griechische Urkraft, aller Bewunderung wert, hat das Fremde von sich gewaschen.

Auf einem Hügel vor der Stadt, der jetzt nach dem
heiligen Stefan benannt ist, lag die Akropolis der
Rhodier. Da liegen Säulentrommeln aus bräun-
lichem Tuff in Dornen und Gras. Aber es blieb
der umhersehende Götterblick über den Hinabsturz
der Felsen zum Meer, zur weißgesäumten Trianda-
Bucht und zu den fernen anatolischen Bergen im
Ring, auf deren Kronen die Sonne des Frühlings
lag.
Da war der Tempel des Zeus. Weiterhin war das
Heiligtum des Inselgottes, des Helios.
Millionen großgesichtiger Margeriten, eine goldgel-
be Art, überstirnten die dürftige Wiese zwischen
Gestein. Man sah, Blumengesicht an Blumengesicht,
fast nichts als sie. Der Gottesgeist dieses Hügels
hatte sich offenbar diese Blumen erkoren zu Sinn-
bild und Schmuck und hatte sie in hellen Scharen
herbeigerufen, als alles Gebaute in Trümmer zer-
fiel. Sie, die alljährlich Vergänglichen aber, die
Zarten und Kleinen, sie hielten noch Stand und
behaupteten sich. Jetzt in diesen kurzen Tagen des
Frühlings feierten sie. Denn es schien der einzige
Lebens-Sinn dieser goldprangenden Blumenge-
schöpfe zu sein, den Gott zu bekennen mit aller
Kraft, nichts anderes als das. Solange der feurige
Wagen über den Himmel fuhr vom Morgen zum
Abend, wandten sie ihre geöffneten, anbetenden,
hingerissenen Sonnengesichtchen ihm zu und hingen
ihm an, mitwandernden Blicks: rührende, nach-

ahmende Kindgeschöpfe des großen feurigen Runds,
voll Hörigkeit und voller Bekenntnis.

Man hat an dieser Tempelstelle gegraben und vieles
gefunden, und vieles andere, was man nicht fand,
einfach dazugebaut. Das Stadion war wieder da und
die machtvollen Terrassen und Treppen den Hügel
hinauf. Vom Tempel war eine ganze Ecke wieder
errichtet. Von den vier Säulen waren wohl nur ein
halb Dutzend Trommeln echt, der Architrav war
ganz neu und am Giebelstück drüber nur weniges
alt.

Von allen Ausgrabungsstätten, die ich gesehen, ist
mir Olympia als die schönste erschienen, um der
Gesinnung der Ausgräber willen. Es waltete dort
Bescheidung, Andacht und ein Glaube an den griechischen Geist, der so stark und so reich ist, daß er
etwas von dem verlorenen Götterglauben entgilt.
Es ist noch Winkelmanns Anruf und der religiöse
Griechenglaube der Goethezeit. In Olympia ließ
man die hingerollten Tempelsäulen, wie man sie
fand und gab der Versuchung, sie wiederaufzurich-
ten, nicht nach, obgleich die Trommeln vollzählig
sind. Man wußte, daß Tempelsäulen kein Bauwerk
sind, das man ergräbt und ergänzt, und daß, wo
Götter gewaltet haben und die alles zermalmende
Zeit, Schweigen und Ehrfurcht das beste ist.

Einen ganzen Berg hatten sie im alten Rhodos zu
Ehren des Inselgottes bewältigt. Großartig stuf-

ten sich die Terrassen hinan, großartige Treppen führten empor in breiten Zügen. Die Herrlichkeit des Gebauten leuchtete über das glückliche Land, über das glückliche Volk, über die gottbegünstigte Insel, über das dienende Meer und das lykische Festland im Fernen, das zu jenen Zeiten Rhodos schon untertan war.

In der Sohle des Tals rundete sich das Stadion, das langgestreckte Oval. Wie mögen Zäume und Zügel und goldene Wagen geblitzt haben im kreisenden Rund! Wie prächtig voll Reichtum und Glanz muß an den hohen Festen der Hinaufzug der Scharen über die Treppen zum Tempel gewesen sein. Die Sieger waren von Zweigen der Silberpappel umkränzt, deren schimmerndes Laub des Helios Eigentum war, so wie Olympia den Ölzweig vergab.

Sicher war dieser getreppte Berg der Schauplatz des großen Festes, das sich alle vier Jahre im hohen August in der Glühzeit der Sonne vollzog. Im Tempel droben stand damals das Bildnis des Gottes, das berühmt in ganz Hellas war: ein Sonnenwagen aus Gold, ein goldenes Viergespann, geflügelte Rosse, zuoberst der stehende Gott mit goldenen Locken, strahlengekrönt, im Auge den Strahlenblitz, der selbst noch im kleinen Bild der rhodischen Münze erhaben wirkt, der Blitz des Heilers und Allerhalters, des Helios, des Versengenden auch.

Von der Tempelhöhe muß auch zu sehen gewesen sein, wie am Morgen des Heliosfestes, drunten am Meer dem Sonnengotte das Viergespann dargebracht ward, weiße Rosse im blitzenden Zug, über den sandigen weißblendenden Strand in die Morgenbläue des Meeres hineingejagt — seltsames Opfer. Glückliches Rhodos, glückliche Insel! Sonnenstadt Rhodos! Weit ausschauend, ganz auf sich gestellt und günstig ins Netz der Meereswege verflochten, zog Rhodos ein glückliches Los. Leicht war die Lebensluft hier.

So schien mir auch die Gesinnung, aus der dieser Tempel erwuchs: stolz und groß und glücklich vollendet aus einem einzigen Guß, doch, wie mir schien, unbeschwert von vielen Gebeten. Ich glaubte zu spüren, daß, was hier entstand, die Vollender nicht sehr viel gekostet habe im Herzen.

Während ich auf den braunrauhen Quadern des Tempels ausgestreckt lag und in den Sonnenglanz starrte, den der Lichtball hinwälzte auf den Weiten des Meers — eine silberne Folie, vom Stößel des himmlischen Mörsers gestoßen, von so heftigem Glanz, daß ich nicht mehr sah, wo das Wasser endete und der Himmel begann, nur Lichtgestöber, horizontweit, und das Meer, ein hingeschmolzenes Metall, fast schwärzlich in Sonnenschwermut — war ein Käuzchen im heißen Mittag erwacht und schrie zehn oder zwölf klägliche Rufe, Holzflötenton. Bis es seinen Irrtum erkannte und wieder im Tagschlaf versank.

Stille des hohen Mittags war wieder. Olivengeflüster, Lerchengetriller weit über den Tempelsäulen im Blau, Blütenwind, beladen mit Duft der Inselheide und salzigem Meerhauch.

Da zog ein lieblicher Zug den Hügel herauf. Ein ganz kleines Dirnchen, barfuß, gezopft, mit vier kleinen Zicklein, zwei schwarzen, zwei braunen. Sie schlug einen Bogen um mich und pflanzte sich dann mitten ins Gras, die erdbraunen Beinchen weithin gestreckt. Alle vier Zicklein standen um sie herum und warteten, was jetzt wohl kam. Sie senkten die Köpfe, als wollten sie stoßen mit Hörnern, die es noch gar nicht gab.

Mich ergriff so viel Jugend, so Zartes und Kleines, vor uraltem Tempelgestein.

Ich gab mir Mühe, um die Gunst des Fünfblatts zu werben. Ich kümmerte mich also gar nicht um sie, erst nach einer Weile begann ich behutsam ein kleines Gespräch. Das Dirndel war Griechin, bekam ich heraus, und die Zicklein zweimal zwei Zwillingsgeschwister, das eine Paar sieben, das andere schon ganze neun Tage lang auf dieser erstaunlichen Welt. Alle vier waren Weiblein. Das war das schlimmste und das war das bravste. Das Bravste schien unter Einfältigen das einfältigste und schwächste zu sein — wie es so ist auf der Welt. Es dämmerte von Mal zu Mal im Stehen oder im Schoße der kleinen Hirtin ein. Es war sicher im Mutterleibe zu kurz gekommen.

Die anderen waren schon reger. Bald standen sie still auf ihren törichten Beinchen, die gerad wie die Stecken waren, senkten die Köpfe und die Ohren schlappten bis übers Gesicht, bald überkam sie alle zugleich das Hopsen und sie schnellten wie die Federbälle dahin. Die Bernsteinhüfchen klopften den

Stein. Sie warfen die Köpfchen und ihr Mecker-Sopran scholl über den Plan. Dann wieder waren die kleinen Kräfte erschöpft, sie standen und mußten warten, bis neue Kraft in die Glieder kam. Sie mochten noch nichts von dem Grünen, das ringsum wuchs, aber sie taten schon so und knirschten mit Perlchenzähnen wie sie es bei den Großen gesehen hatten. Allen vieren hing noch am Bauch der trockene Kringel der Nabelschnur.

Ich bekam eines von ihnen zu fassen. Wie duftete das Fellchen nach sauberer Jugend, von der Sonne erwärmt! Wie reinlich war alles, das Mäulchen und was da noch war, alles paßfest geschlossen und säuberlich. Wie bald legt sich Vergänglichkeit auf alles was lebt! Auflösung ist lang schon vor Ende.

Davon wußte dieses noch nichts. Dies war pures Leben, kreatürlich und frisch. Ein leichtes Kosen der Schöpferhand, die es entließ, war noch auf dem kräuselnden Fell.

Ich wußte nicht mehr, wieviel Zeit vergangen war auf diesen sonnenwindüberlaufenen Wegen und Wiesen am Tempel. Nun hatte ich Sorge, daß es schon Mittag war; drunten in Rhodos hielten sie leider auf Pünktlichkeit. Ich fragte das Dirndel, sie wußte Rat. Sie kniff ein Auge zusammen, sah in die Sonne, hob den Finger und warf verneinend den Kopf zurück. Erst wenn sich der Ball über der zweiten Säule erhebe, sei es soweit. Dann sei es Mittag. Es fehlte noch dreimal ein Finger.

So hatte ich noch Zeit.

Auf der oberen Tempelterrasse muß auch das Heiligtum des Apollon gewesen sein. Vielleicht daß zu jenen Zeiten auf Rhodos die beiden Götter des Lichts, Apollon und Helios, schon verschmolzen waren, wie es in späteren Zeiten öfters geschah. Aber Helios war im Vergleich zu Apollon doch nur eben das Element.

Apollon aber war der Erzieher des griechischen Volks, er, der Jünglinge Gott. Alle Kraft des griechischen Geists quoll aus ihm. Er ist der griechischen Seele helles Geheimnis. Er ist es allein, der den Menschen den Trieb und die Kraft verlieh, sich über sich selber zu steigern — und dies ist es doch, was alles Lebendige trennt in Edles und in Gemeines.

Die Berge jenseits des Meers, die die Inselspitze von Rhodos umkränzten, so daß das halbe Horizontrund von ihnen erfüllt war — das ist Apollons Heimat, ist Lykien. Dort soll sein Glaube erwachsen sein. Von dort kam er vor Zeiten nach Kreta, dann nach Delfoi, nach Delos, ins griechische Land.

So sah ich es also von ferne, dies Lykien. Seine Berge standen in felsiger Nacktheit da, von Schründen gezeichnet. Drei Mal erhoben sie sich zu solchen Höhen, daß Schnee auf den Gipfeln lag, jetzt noch, im Mai, in strahlender Sonne Glut. Am weitesten östlich, das höchste Gebirg, war der lykische Tauros. Er war ein Schloß aus glitzerndem Schnee über der Bläue des Meers.

Mich beglückte es, daß ich das sah: daß auch die Urheimat Apollons vom Schnee überglänzt war. Kann ich mir doch Apollons heilige Stätten nicht denken ohne leuchtende Gipfel und Schnee. So weiß ichs aus Delfoi, so sah ich im duftenden Frühlings-himmel zuerst den Parnaß, so weiß ichs aus Kreta, vom Kronenglanz der Weißen Berge über der Chania-Bucht.

So nun auch hier: Schnee, fernher glänzender Schnee auf griechischen Höhen, Hauch von Kühle und Hoheit. Und Farbenduft. Klang einer Leier aus wehenden Lüften, klar von gespannter Saite geschnellt, Klang der von Göttlichem kommt.

Am Ende des Steindamms, der den kleineren Hafen beschirmt, steht ein dicker Rundturm der Ritterzeit. Das ist, so glaubt man, der Platz des alten Kolosses von Rhodos.

Herrlicher Standpunkt! Das Meer, im Horizont-kreis die anatolischen Berge, ein gewundener Kranz, im Abendlicht zart, ganz zart, hyazinthenbeflort, und in Zartheit energisch gegen den ahnenden Him-mel gesäumt. Vom Meer her kam ein starker blasen-der Wind. Inseleinwärts die Stadt, den Hügel hinauf, die alte, ummauerte Stadt, die Zinnen, die Tore, die Minarette, rosenfarben von der Abendsonne be-malt, die grünen Gärten, das dunkle Gebüsch.

Der Koloß war ein Standbild des Gottes der Insel, des Helios. Wie das Götterbild aussah, wissen wir nicht. Man mag aber glauben, daß es sehr schön war, nicht kolossal im Sinne der Ungestalt. Das Haupt war wohl wie auf den Münzen, von goldenen Pfeilen umstrahlt. Die überhohe, geschlossene Gestalt im dorischen Faltenkleid: man mag sie in Verwandtschaft des Wagenlenkers von Delfoi suchen, um sich vor falschen Bildern zu hüten, die sich uns Armen einzustellen drohen, wenn wir hören, daß Kunst kolossal wird. Denn schön muß das Bildnis gewesen sein, die Welt war begeistert.

Das spätere Schicksal des Erzbildes ist aber eigentlich merkwürdiger als seine frühe Berühmtheit. Nämlich, als der Koloß schon ein paar Jahrzehnte nach seiner Vollendung in einem Erdbeben schwankte, abbrach und fiel, — da wurde er nach allgemeinem Beschlusse nicht wiedererrichtet. Man fühlte, daß man wohl über die geziemende Grenze gegangen war. Alles was sich gegen den Plan eines so übermäßigen Denkmals schon vordem geregt haben mochte, wurde nun laut: die Sorge, man habe den Zorn des Gottes erregt und das Gebot des Maßes verletzt.

So lag der Koloß denn, nach seinem Falle nicht minder berühmt, auf den Steinen des Dammes, in Trümmern, die man ehrfürchtig umging als eine Warnung vor Götterzorn. Niemand wagte, weder das Standbild aufzurichten noch wegzutun, gebannt vom Aberglauben, der oftmals ein Nachklang des Glaubens ist.

So lag der Koloß viel, viel längere Zeit als er aufrecht stand: achthundert Jahre, bis spät ihn Barbaren verschmolzen.

In meinem Holzbett in Rhodos steckte der Wurm.
Er nagte bei Tag und bei Nacht, es rumorte laut
und mehlte gewaltig. Ich verließ den Bäderfrühling
der Stadt und lief ins Innere der Insel.

Ich war glücklich, als ich die kahlen Bergwände
wiederum sah. Felsengrau, grün überhaucht, von
ein wenig Ginster beblüht, auflaufend zum silbern-
sten Himmelblau — die selige Armut wieder, die
Erdenreine, das Karge, das Flötenlied.

Ein Dorf hieß Malona.

Eine Stunde ober dem Dorf quoll eine Quelle, die
immer floß. Sie segnete Malona, sie segnete den
Hang und das Tal. Ein Zauberschlag hatte sie dem
Felsen entlockt, nun verzauberte sie alles talab.
So weit sie aderte, war alles Garten und Park.

Hier beschloß ich zu bleiben.

Das Sehen allein kann nicht helfen in Griechenland.
Man muß weilen und bleiben. Der Quell muß
sickern durch Ohr und durch Sinn, der Ölwald muß
flüstern einen Abendwind lang, der Schlag der
Meerwellen muß eine Nacht hindurch rauschen, ein
weltschmerzliches Eselgeschrei den hohen Mittag
verzaubern. Dies Land singt nicht jedem sein Lied.
So wie die Zikaden und Grillen verstummen, wenn
der Wanderer unter den Baum tritt. Erst wenn er
eine Weile verhofft, beginnen sie wieder.

Die ländlichen Gärten Malonas sind Zauberland.
Ich schritt unter dunklen Wipfeln dahin, ich schritt
im Dämmer, durch Räume, von einem zum andern.

Die Raine waren niedrige Mauern mit Brombeer-
gerank, man stieg leicht darüber hinweg. Ein Garten verlief in den andern. Bauerngärten. Da hatte
sich jeder das Seine gepflanzt, was ihm gut schien
und wessen er bedurfte: ein Ölbaum, ein paar
Zitronen, Orangen, Granatapfelsträucher, blütenbeflammt, eine Feige, Myrthengesträuch, eine Zeile
Zypressen in dunklem Schwarz, daß er Bauholz hat,
wenn ers braucht. Im weichen Boden auf lockerer
Erde stand etwas Mais unter den Bäumen, ein
wenig Tomaten. Des Wassers Segen war sorgsam
verteilt in hundert rinnende Furchen. Jeden Tag in
der Woche wurde ein anderer Bereich bedacht und
jede Stunde ein anderer Garten. Eine Schönheit
entstand, wie sie kein Kunstplan erzeugt, nur der
ländliche Nutzfleiß, der eigentlich Schönes nicht will.
So wars hier von je. In diesen Hainen hat nichts
sich verändert. Hoheit der Zypressen, Geticke der
Hacken, die in den lockeren Boden fahren, einen
Sommertag lang — nichts sich verändert. Hier ist
sie da, die Antike, herznah und flüsternd am Ohr,
wie kaum bei Tempelruinen.
Vieles was sonst Phantasiebild war, konnte hier sich
abgespielt haben, hier in den Gärten des Dorfes
Malona am Meer: es war alles bereit, die Szene
stand als wartender Hintergrund da. Das Meer war
nicht fern und Quellwasser rann im Schattenzweig-
dunkel: so hätte Nausikaa hier waschen können.
Auch Orestes und Pylades konnten vortreten aus
dem Zypressengebüsch, auch Persephone, blumen-
suchend war hier zu denken, auch Hyakinthos,

vom Gott beim Spiel zum Tode verletzt, auch Adonis, auch Hero am Tempelhain. Verse, der Menschheit Glück: hier hätten sie heimgefunden. Alles war zum Erhabenen bereit. Das Klassische, hier war es da – war so wie immer gedacht und doch nicht. Es war einfacher, natürlich gelassen, tätig und bäuerlich; weniger feierlich als mans oft sah.

Unter Bäumen schaffte ein ländliches Paar. Ein paar Schritte weiter lagen die Kinder schlafend im Schatten, auf dem Bauch alle beide, die Bäckchen zur Erde gepreßt, nackten Hinterteiles das kleine. Der Eßkorb hing darüber vom Baume herab.

Ein Esel stand festgebunden im Schatten und sann. Ich kraulte ihn. Er bewegte die Ohren, die langen, stellte sie auf und tat sie zurück und rollte sie aus der Wurzel im Kreise, jedes einzeln für sich. Ich sah, wie mein Schnalzen und Lippenziehen und Kraulen die Eselseele ihm labte.

Zitronen und Orangen blühten noch und wölkten den Duft übers Land, der wie geblümte Schleier verwirrt. So blühte es schon, als ich Kreta verließ, im Dezember, und jetzt war es Mai. Damals blühte es neben den goldenen Bällen gegen Schneeberge und Himmelsblau, jetzt waren die jungen Früchte schon wie die Marmeln so groß und noch immer fiel es einem Zweig ein, nachzublühen. Holde Jahreszeitenverwirrung.

Ölbäume, uralt gewundenen Stamms, in großartig ächzendem Kelterzwange der Erde den heiligen Saft zu entpressen, kleine daneben, wie Mädchen, noch unerfahren und jung. Wer Ölbäume pflanzt, hat selber kaum noch Gewinn. Der Vater pflanzt sie nur für den Sohn und der Enkel nach vielhundert Jahren dankt es — und weiß nicht mehr wem.

Ich lief zur Quelle hinauf durch die Gärten, dem rinnenden Wasser entlang. Sie war eine Stunde weit droben am Berg. Da sprangs aus dem Felsen, ein kraftvoller Sturz.

Ein paar Männer schafften am Bachbett. Sie legten sogleich die Schaufeln hin, wir setzten uns und führten ein Quellgespräch, eine Stunde des Tags unterm hohen Himmel. Wie gut. Wer nur kommt und sieht, der sieht nichts. Nur wer verweilt und sinnt und spricht, war an der Quelle.

Ich wagte es zögernd zu fragen, ob sie wüßten, was eine Nymphe sei. Nichts. Sie warfen verneinend die Köpfe zurück.

Ausgelöscht, ausgelöscht. Und alles noch da.

In den Gärten Malonas ist mir der Granatapfelbaum am liebsten geworden. Die Rose von Rhodos, die auf alle alten Münzen geschlagen ist als Gegenbild des Sonnengottes: das muß die Blüte vom Granatapfel sein, der heute noch rhodia heißt. Mein Herz fliegt ihm zu.

Er ist ein Landkind, ein Wildwuchs. In Bauerngärten steht er, an weißen Mauern, ein brennender Dornbusch, von einzelnen Blüten beflammt, die wie Feuerflocken vom Himmel fielen, um das schlichte Kind zu erwählen und auszuzeichnen vor allen. Nun glüht es errötend in Scham, ganz begückt.

Er ist ganz und gar griechisch. Er ist nicht üppig. Seine Blätter sind klein und immer hellgrün, sie stehn widerspenstig am Zweig wie Kraushaar. Die Blüte ist nur so groß wie eine wilde Rose etwa. Es gibt lautere Farben und Blüten. Mancher mag hinwegsehen über sie und ihr helles Rot auf dem helljungen Grün. Die Blütenblätter stecken in einem Kelch, der rot und fest ist, er endigt in Zacken wie eine kindliche Krone. Aus ihm lodert, flammenkernhaft, das scharlachrote Blütenblattwunder, sieben, acht oder neun zartknittrige Blättchen, niemals ganz glatt, wie Schmetterlingsflügel, die erst der Puppe entschlüpft sind.

Die Blüte ist fast zu seidenblattzart, sie ist fast nichts als ein Aufenthalt, in dem das Licht einen Augenblick verweilt und lodernd erglüht. Hält man sie gegen das Licht, so dankt sie mit einem Aufjauchzen. Hat man einen Zweig mit zwei, drei Blüten im Zimmer, so ist ein Leuchten da, man weiß gar nicht, woher.

Das ist die Blüte, in der Helios wohnt, eine Flocke seines gewaltigen Feuers, ein kleines Lodern, ein zärtliches Opferflammen und Brennen im heißhellen Land.

Sie erfüllt sich im harten Apfel der Frucht, die altrosa ist wie versonntes Leder und kein rechtes Fleisch hat, nur die süßen, glasigen, wabenhaft kantigen Kerne, uraltes Sinnbild der Liebe und Frucht.

Auf den Höhen über Malona stand ich im Abend. Unter die Felsenblöcke mitten im Stein hatten sie

Korn gesät, arme Fleckchen, weiß Gott. Die kurzen Halme standen weit auseinander.

Arm ist auch Rhodos, von dem sie im Altertum sagten, Zeus habe einen Goldregen über die Insel geschickt. Es muß wohl ein anderes Auge gewesen sein, ein Auge, welches die Dinge nach anderem Maße bemaß als nach dem Reichtum fruchtender Felder.

Im Weiten zog sich die Küste hin, sanft geschwungen, wie vom Vogelfluge geritzt. Das Meer war lichtblau, die Felsen braungold. Abend. Olivensilbergeflüster.

Diese Farben hätte ich früher niemals im Süden erwartet. Ich glaubte immer, sie müßten dort satter und stärker sein in heftiger Pracht. Aber sieh, sie sind seliger, leichter, mit Licht gemischt, wie vom Regenbogen selber entlehnt, vom Himmel und nicht von der Erde. Sie sind helleren Klangs, wie oberer Diskant, Flöten- und Harfenmusik, von weither geweht. Sie sind wie silbriger Atem, von Genien gehaucht. Sie zwingen mit leiser Gewalt.

Im Tale drunten lagen die Gärten des Dorfes Malona wie Abendgesang. Wenn Griechenland immer so fruchtbar wäre wie dies, wir würden sagen, es wäre das Paradies. Aber es ist nicht überall so, nur selten landauf und landab, nur selten einmal.

Als Kind habe ich mir, wie alle Kinder, das Paradies in Pracht und in Fülle gedacht. Da war alles schöner, größer und bunter als sonst, die Bäume grüner, die Äpfel dicker, die Blumen und die Schmetterlinge erstaunlich. Alles war quellend, saftig, gabenschüttend und schleudernd mit Farben. Seit ich hier bin, weiß ich, daß das Paradies nicht ohne selige Notdurft ist. Ich sehe, daß Spärliches himmlischer sein kann als Fülle und daß sich das Größte nicht ausdrückt in Chören, sondern im dünnen Gesang eines Kinds. Ich sehe, daß Felsiges, von Farbendüften behaucht, rührender sein kann als prangende Auen und daß Anemonen auf karger Flur herrlicher sind als Wundergärten.

Ich sehe, daß es nicht das Üppige ist, das die schönste Schönheit zu spenden vermag, denn es festigt im Dasein, aber es enthebt nicht der Welt. Man hat nicht gehört, daß in Ländern der Fülle die Menschen Menschlichstes schufen. Wohl aber hier. Ich weiß nun, daß das Köstliche am köstlichsten ist, wenn man es nur auf den Lippen spürt als dünnen Geschmack und daß es mehr ist, den Saum eines göttlichen Kleides zu küssen als Königsmäntel, im Raub um die Schulter geworfen. Ich habe erfahren, daß Schönheit am meisten ergreift, wenn sie nur eine Verheißung ist, wenn sie ritzt wie ein kleiner Schmerz. Wenn noch Durst mit dabei ist. Griechenlands Schönheit ist feinstes Glas. Sein Singeton mahnt, es nicht zu zerbrechen.

Am griechischen Himmelfahrttag ist es Brauch, daß
die Leute aus den Dörfern hinaufsteigen in die
Berge und den Tag mit den Hirten feiern. Alle
Milch, die an diesem Morgen gemolken wird, ist für
die Gäste.

Ich wußte das nicht und hätte nicht an den Himmelfahrttag gedacht; nach dem orthodoxen Kalen-
der kommen die beweglichen Feste anders zu liegen.
So war es gut, daß ich an den Spiro geriet, den Ge-
meindediener Malonas. Er erklärte mir das bevor-
stehende Fest und lud mich ein, mit ihm und seiner
Familie zu den Hirten zu gehen.

Spiro gefiel mir schon deshalb, weil er als Ausrufer
auf der Dorfstraße seine Kundmachungen mit den
Worten begann: Akuete, andres, gynäkes ke pädia!
Hört, ihr Männer, Frauen und Kinder —, worauf
das Amtliche folgte. Das lernte der Bürgermeister
des Nachbardorfes ihm ein, indem er es ihm jeweils
achtmal vorsprach und Spiro hatte es achtmal zu
wiederholen. Spiro war aber sehr beweglich und
klug, so wie er auch äußerlich echter Grieche war,
schlank und gewandt, äußerer Würde abhold,
desto erfüllter von innerer. Er hatte nie eine Schule
besucht — ja, wenn er das auch noch hätte, sagte er
selbst, so wäre er ja ein Gelehrter. Er sprach drei
Sprachen, so wie jeder Bauer und jedes Kind auf
Rhodos zum Griechischen auch Italienisch spricht
und Viele türkisch und englisch dazu, weil Viele in

Amerika waren. Aus Amerika aber kommen sie alle zurück, wenn ihnen der Erdteil gewährt hat, was er zu gewähren vermag. Sie kommen zurück und das Geld und die Welt hat sie durchaus nicht verändert. Die dörfliche Enge hat sie dann wieder, die dürftigen Häuschen, die harten Lager, die Ziegen- und Eselwelt, das Land, wo am Abend Frauen und Kinder die staubweißen Straßen unter Oliven heimziehen, hinter sich einen Esel am Strick, dahinter, noch einmal am Strick, die Ziege, dahinter am weiteren Strick das Schaf. Das ist ihr Land, gelobter als jenes. Am Vorabend von Himmelfahrt machte ich einen Besuch im Hause des Tischlers, der zur Verwandtschaft des Spiro gehörte. Er wohnte in einem der weißen Häuschen Malonas, einem der Würfel, und aus der offenen Tür drang ein rosa Muschelschimmer vom Öllicht in die blaue, gestirnte Nacht. Es war, als wölkte das ärmliche Häuschen im Schlaf Traumatem aus von Tausend und einer Nacht.

Arm war es drinnen. Es war doch schon recht nah am Zelt. Man sah keine Möbel. An den Wänden Truhen, beschlagene Koffer. Koffer sind immer der Stolz von reisigen Menschen. Hier waren sie seßhaft, aber es blieb etwas von Gast- und Wanderschaft in dieser Welt.

Der einzige Raum, den das Haus besaß, hatte eine niedrige Bühne. Dies ist das Sofa, so nennen sie es, Schlafplatz für alle und Sitzplatz und Schauplatz des Lebens im Haus. Hart war es auch dort, hart wie am Boden, aber es lagen ein paar Decken und Kissen auf dem Dielenholz, im Winkel brannte das

Öllicht. Sonst waren da Familienbilder und schlechte Bilddrucke aus dem Abendland. Hier saß Maria, die junge Frau, die sechzehnjährig ein Kind trug, hier der junge Tischler, ihr Mann, und die beiden Brüder Marias, deren einer den Kopf auf dem Schoße Marias hatte. Wie wach und wie belebt war das Abendgespräch: es ging über Griechenlands Geschichte und Griechenlands Freiheit und alles war leidenschaftlich geglaubt und taktvoll gesprochen. Das Wenige, was zu bieten war, ein Glas Wein, eine frische Gurke in Scheiben geschnitten, wurde frei und höflich geboten.

Am Himmelfahrtmorgen zogen wir dann mit Spiro hinauf in die Berge. Wir liefen im heißjungen Tag das kiesige Flußbett entlang, das ohne Wasser war, glitzerweiß, aber überbuscht von tausend rotwirbelnden Oleandern.
Spiro, die Dienstmütze mit Schirm auf dem Kopf, fühlte sich verantwortlich für alles, was ringsum zu sehen war. Er stellte alles im einzelnen vor mit lobenden Worten, jeden Strauch, jede Baumart und alles Getier. Als sich das Flußtal allmählich zur schmalen Schlucht verengte mit rotglühenden Felsen, war Spiro sehr stolz, verstummte und wies mit ausgebreiteten Armen auf solch eine Pracht. Im steigenden Tag erreichten wir eine Quelle, die einem seitlichen Waldtal entquoll. Der Hang war von Kiefern, Zypressen und wildem Weine erfüllt. Eine Nachtigall schlug am hellichten Tag.

Wir erreichten die Mandra des Hirten auf einem Berg. Sie war von Kiefern umgrünt, Schattengeflecht war auf braun benadeltem Boden. Der Hirt trat uns entgegen, in beiden erhobenen Händen zwei Schalen voll Milch, soeben gemolken, warm überwölkt vom Schaum, der knisternd langsam zerging.

Labetrank, schluckweise genossen! Gabe, seit Urmenschheitstagen gereicht, jung wie der Morgen und empfangen wie je mit ewigem Dank!

Es war schon Gesellschaft da: Spiros Familie, mit vier großäugig lebendigen Kindern, die Lehrerin aus dem Dorfe, städtisch gekleidet, gepudert und schön bemalt, war auch gekommen, um ein Fest zu feiern comme les paysans, wie sie sagte. Dann der Apotheker des Dorfs und ein Herr Kritikos, ein jüngerer Mann, der eine Zeitlang in Frankfurt gewesen war und gut Deutsch sprach. So sprachen sie, alle zusammengerechnet, fünf Sprachen und waren doch nur aus dem armen griechischen Dorf.

Der Hirt war umglänzt von griechischer Freude, Gäste zu haben, in Eifer bemüht und voll Würde im schlichten Gewand. Ich fand ihn, wie ich Viele in Griechenland fand: zerrissene Schuhe, erbärmliche Hütte aus rauchigem Stein, aber ein Herz, ein kluges Auge und eine dargebotene Hand.

Er hatte nur Ziegen, schwarze Ziegen zuhauf. An diesem Tag standen sie alle meckernd im Pferch, heut war kein Austrieb. Da war noch die Frau und der Sohn und die Tochter mit ihrem Mann, einem zwanzigjährigen Jungen, und noch ein Bub, den der

Alte, wie er sagte, der Tochter zur Wette noch nachtrags gemacht hatte.

Die Griechen sind liebenswürdige Väter. Sie spielten mit ihren Kindern und machten Schaukeln auf griechische Art: ein doppelter Strick um einen Baumast geschlungen und eine gerollte Decke darauf, so ging es auch.

Die Stunden vergingen, Stunden eines griechischen Tags. Die Menschen waren nicht laut und nicht derb und es war nichts Besonderes. Sie ließen den Tag durch die Finger rinnen im Reichtum der Zeit, den dort jeder besitzt. Sie hatten davon wohl gehört, daß es anderswo Menschen gibt, die keine Zeit haben: wie arm müssen die sein. Nicht einmal Zeit! Sie schwelgen in ihrer Fülle. Wer Zeit hat und zu schenken versteht, wie soll der nicht reich sein? Sie bringens am Ende nicht weniger weit als auf achtzig Jahre, wenns hoch kommt.

Der Mittag zog übers Lichtgewölb. Der Hirt gab ein Zicklein zum Braten. Es wurde seitab geschlachtet mit einem Taschenmesser und endete klaglos. Es wurde zerlegt und die Teile auf geschälte Zweige gesteckt wie auf Spieße. Ein Feuerchen wölkte blau unter den Bäumen dahin. Der Spiro kam an mit dem Schulterblatt des Zickleins in Händen. Er hielt es gegen das Licht und erklärte, es stehe die Zukunft darin. Vor einem Jahr war es rotadrig durchzogen, das bedeutete Blut. Unseres aber war weiß, hell blühte das Licht durch das zarte Gebein. Es verhieß klar und deutlich den Frieden.

Freundlicher Kalchas.

Ein Skorpion wurde unter einem Steine gefunden. Spiro brachte ihn zwischen zwei Stecken geklemmt und so sah ich zum ersten Male das Sagengeschöpf, das aus nichts als aus Waffen besteht. Wir machten am Boden aus Asche und Glut einen Ring, das Tier rannte im Kreis, sah sich des Auswegs beraubt und gab sich, wie sichs gehört, in stolzer Verachtung mit dem Stachel kopfüber königlich selber den Tod.

Der Tisch ward unter den wehenden Bäumen gerichtet. Aus Decken wurde ein großer Teppich gemacht, in der Mitte querüber ein buntes Tuch. Auf dieses wurden die Speisen gesetzt: an eine Ecke Leber und Herz vom Zicklein, gebraten in Öl, auf eine das Fleisch, auf eine Fisch, der mitgebracht war und zuletzt der Salat. In die Mitte ein Berg aus Misithra, Ziegenkäse, ganz frisch.

Alle legten sich nieder. Blecherne Gabeln wurden im Kreise geworfen und jeder stach ein, wo es ihm eben gefiel.

Aus den Körben der Gäste, die auf Maultieren gekommen waren, zeigten sich allerlei Flaschen. Es war der landesübliche Anisschnaps. Er war wie er war. Bald heißt er Uzo, das war in Athen, bald Raki, das war auf Kreta, bald Tsigudia. Hier hieß er Masticha, aber es kam auf dasselbe hinaus. Ein fröhliches Trinken im heißen Tag aus winzigen Gläschen begann. Die Herzen der Griechen fliegen sehr leicht. Sie fliegen leicht zu, — es mag sein, sie fliegen auch leicht wieder weg. Aber sie fliegen. Von Mal zu Mal, wenn einem die Welle der Freundschaft und Neigung die Brust beengte, warf er die

Hand herüber mit Schütteln und Trinken und Jassu! gesund sollst Du bleiben!

Zum Ende brachte der Hirt einen großen Kessel voll Joghurt, so kühl und so frisch, daß ich ihn wie zum ersten Mal genoß.

Der Masticha brachte Verborgenes heraus. Spiros Zunge, gelöst, verriet, daß er auf den Apotheker erbost war. Da Malona keinen Bürgermeister besaß, war dieser zur Überwachung Spiros bestellt. Das mußte freilich verbittern. So vertraute er mir, erhitzt, die Dienstmütze sehr im Genick, so daß das verschwitzte Schwarzhaar herauskam, halblaut trübe Geschichten von diesem an, der inzwischen am Abhang schlief. Der Apotheker, er geht zu den Leuten, sagt dem, er ist sein Freund und dem auch, schaut was sie essen und trinken, dann geht er hin und spricht: die haben Läuse am Hals.

So einer also. Spiro fand nichts als die Geste, die in Griechenland höchsten Abscheu ausdrückt: er ergriff mit spitzen Fingern den Aufschlag des Rocks, verzog das Gesicht und schüttelte angewidert das Tuch. Dann sah er den Knotenstock des Apothekers daliegen und der Masticha gab ihm ein, ihn überm Knie in Stücke zu brechen. Später wurde gesungen. Als der Apotheker wieder zum Kreise kam, war Spiro gerade am Singen und sang sein Tragudi auch fort, aber jetzt auf die Worte: to bastuni espasa, to bastuni espasa, ich hab den Stock kaputt gemacht. Er sang es den ganzen Heimweg noch, auch in der Mühle, wo er von seinem Triumphe weitläufig sprach.

Am Hang des Fileremos, hundert Schritte unter dem Gipfel, auf dem einst Burg und Tempel der Stadt Jalyssos standen, ist noch ein Quellhaus aus klassischer Zeit. Man schaut in die Taltiefe hinab, die Ebene von Maritsa ist wie hingeschleudert, ein Ring von Bergen kesselt sie ein. Beidemale, als ich dort oben war, kreiste ein Adlerpaar über dem Grund.

Ein Steig führte vom Gipfel zum Quellhaus herab. Er war ländlich und schlicht, grasüberwachsen im Schlängelzug, von ein paar dunklen Zypressen bewacht, die sich eine über die andere erhoben. Ein Pfad der Antike. Daß Mädchen hier schritten, war, als müßte es so sein, Mädchen, den Krug auf dem Haupt, Wasserträgerinnen, deren Gang unter der Last etwas Gehobenes bekam, wie man es in jedem Dorf dieser Insel allabendlich sah, in Lindos, in Embonas, überall.

Der dorische Brunnen war ein kleiner Tempel am Berg, einer Quellnymphe luftiges Haus. Ganz einfach: ein Säulenzug mit Gesims, aus edler, klassischer Zeit, dahinter das Becken, langhingestreckt. Der hüfthohe Rand war noch gemuldet von tausendfach abgesetzten Krügen. Löwenköpfchen spien nicht mehr, der Quell war versiegt. Manches ist eben da, manches fehlt. Einfältige Buschwindrosen färbten den Hang und zartlila Winden, wie Prinzessröckchen im Bergwind gebauscht. Mauerechsen, fast mörtelfarben, größer als Eidechsen, aber bar aller Anmut, hingen am Stein auf der Lauer und standen wie knorrige Wurzeln ab. Plötzlich sprangen sie weit, auf Armeslänge. Zu meinem Vergnügen fingen sie nichts, solange ich zusah. Eine Platane mit sonnendurchglühtem Geäst, von Finken im Morgen durchschmettert, überschirmte das Heiligtum. Dryade muß neben der Nymphe sein, sie schwätzt ihr im Bergwind was vor. Dies zu schildern bringt schon die Unschuld des kleinen Orts in Gefahr. Denn es war wirklich nichts weiter. Nur daß Menschen hier eine Gabe menschlich empfingen und daß eine Gottheit, die Leben spendet, von jedem, der kam, in Ehrfurcht bedacht ward. Indem sie an Göttliches glaubten, ehrten sie sich; ihr Glaube hob sie empor. Zwanzig Schritt weiter unten verriet der Platz, wo jetzt der Quell in zementenen Trog aus messingnen Hähnen fließt, die Armut und Schande entgötterter Zeit, die nicht zu empfangen und nicht zu danken versteht und nicht glaubt.

Ich ging die Straße nach Lindos im frühesten Morgen. Es war klar, aber kühl. Ein Riff hält bis zuletzt den Burgfelsen verdeckt. So kommt es, daß man erst spät, nach einer letzten Biegung der Straße, plötzlich vor Lindos Heiligkeit steht: ein Anblick, der nicht überrascht. Denn so hat man sich einen Götterfelsen gedacht.

Lindos ist ein Felsen, steil und sehr hoch, ins Meer geschoben, eine rostige Klippe, die rot im Morgenlicht lag, beglänzt von der Sonne, die dem Meere entstieg, diesem horizontweiten, unerschütterten, ungestuften, einfarbigen Blau.

Ich ließ mir unten am Platz bei der Platane am türkischen Brunnen den Schlüssel zum Burgtor geben und riet dem Wächter, im Kafenion sitzen zu bleiben. Das Wenige, was droben zu sehen sei, würde ich schon erkennen.

So ging ich durchs Tor der Ritterzeit, dreifache Mauern und Wälle hinauf. Oft lief ich in Spinnennetze, die zwischen dem Gemäuer sich spannten und die ich im Gehen seidenknisternd zerriß. Es war mir Gewähr, auf selten begangenen Wegen zu sein.

Der letzte Anweg zur Burg war steil und schmal, ein burghafter Treppenstieg. Droben Tore, Bogen und Burggemächer, eine gotisch gewölbte Kapelle.

Eins hat ins Andere gebaut. Eins kam auf den Fersen des Andern, schob das Vorige beiseite und machte sich breit, fing von vorn an, wie alles Geborene.

Der Sturm des Morgens, in Helle und Licht ein glasklarer Sturm, stieß durch die Gewölbe und Hallen.

Bevor man zur Krone des rostroten Felsens, zum heiligen Tempel Athenes kommt, schreitet man über drei Terrassen, Säulenhallen und Treppen empor. Es ist die Bauart der späteren altgriechischen Zeit: noch edel, noch von heiterer Freiheit erfüllt, nur etwas zu leicht erfunden, etwas zu eitel. Die Sehne des Bogens war nicht mehr gespannt wie in archaischer und in klassischer Zeit.

Aber restauriert haben sie da! Sie haben es fertig gebracht, an die dreißig Säulen der großen Halle wieder hinzubauen; doch nur Splitter davon sind alt. Für wen diese leichtfertigen Lügen?

Wer baut, der bekennt. Wer ausgräbt, auch. Man spürt entweder den dienenden Willen, zu retten, zu halten, Ehrfurcht und Glauben — oder man spürt geschäftiges Klingeln, Zurechtmacherei, Prahlsucht und Ahnenschaftskauf.

Selbst am alten Athene-Tempel zuoberst am Fels haben sie ohne Bedenken ihr schäbiges Neues dazu getan und die Trauer, die der Malgrund jeden Verweilens an griechischer Stätte ist, somit verhöhnt. Als ob es anginge, der alles zermahlenden Zeit ins Handwerk zu pfuschen! Als ob ein paar wiedererrichtete Säulen darüber hintäuschen könnten, daß es auf alle Fälle Skelette und bleiche Gebeine sind, zu denen wir pilgern — selbst da, wo ganze Tempel noch stehn!

Braucht es Dazugebautes, Ergänztes? Ists nicht genug, zu sitzen am Tempelstein und zu schauen über die aufgerissenen Weiten des Meers und den Felsen, den rostig braunen zerrissenen Stein, die weißen Schäume der tiefblauen See, die Kräuselflächen unter den Peitschenhieben des atemhemmenden, ohrenschließenden Sturms — lichtstürmenden Sturms?

Als ich ein späteres Mal auf dem Götterfels war, war es ein glasklar rotgoldener Abend. Das Meer war diesmal edelsteinern versunken, unbewegt, wie es in seinen Tiefen immer sein mag. Das Blau und das Felsenrot, die einzigen Farben im Bilde, klangen zusammen in einer Quinte von Jugend.
Die fernen Gebirge standen in veilchenhaft violettem Schein.
Ich fiel in die Hoheit des meereinsamen Heiligtums hinein wie in ausgebreitete Arme. Das Heilige war es, das mich ergriff, über alle Abendschönheit hinaus. Das Heilige ist es allein, was an einem Tempelorte gefühlt werden darf, nicht Wissensdurst, nicht Geschichte. Auch Kunst nicht, wenn sie von jenem nichts weiß.
In allem, was kommt und was geht und der Trauer nicht wert ist, ist es das Heilige und die Kunst, was zu überleben vermag. Die Kunst, die ja Frömmigkeit ist, schafft den Zeiten eine Erinnerung, wenn sie seltsamer Weise auch in ihrer eigenen Zeit oft nur wie am Rande entsteht.
Wenn aber selbst Kunst verdarb und Tempel zer-

fielen, bleibt das Heilige noch eine Weile am Ort, wie ein Wölkchen, das sich von einem Gipfel nicht löst. Wo einmal göttliche Kraft vom Himmel herabgefleht wurde — denn herabgefleht, herniedergebetet, herzugeopfert wird sie! — da bleibt sie für lange haftend bestehen.

Seitdem ich nicht mehr in der Stadt Rhodos wohnte, blieb ich ohne festes Quartier da und dort an verschiedenen Punkten der großen Insel. Ich wohnte dann nicht mehr so bequem, aber überraschender, ich war mehr Zufällen ausgesetzt. Man muß schon so reisen, wie man vor hundert Jahren noch reiste: nicht nur auf begangenen Wegen, sondern mit Mühen, aus Leidenschaft. Nicht wie die Armen, die nicht mehr allein reisen können, nur in Reisescharen und die das Reisen mit Rastlosigkeit verwechseln, die auch gar nicht mehr sehen können und nur darauf aus sind, alles in ihre schwarzen Kistchen zu bannen, weil sie offenbar zu der gläsernen Linse mehr Zutrauen haben als zu ihrem eigenen Auge.

Eine Zeitlang hauste ich ziemlich hoch oben am Berg über dem Dorfe Maritsa, in einem Zelt. Unvergessen ist der Blick aus dem Zelteingang ins niederstürzende Tal, auf die Küste, das Meer, die anatolischen Berge. Unvergessen das unaufhörliche Knattern und Flattern des Zelts, denn da droben ging Tag und Nacht ein kräftiger Wind, immer derselbe nördliche Wind von den Festlandsbergen her übers Meer: der aigaische Sommerwind, die

Etesien, beladen mit Sonne, Meerluft und wohltuender Kühle. Man wohnte in so einem Zelt in einem beständig schwankenden Haus. Immer knatterten und flatterten die Segeltuchwände, immer ächzten die Stäbe. Kleider und Wäsche, die ich im Innern des Zelts an einer Schnur aufgereiht hatte, vollführten ohne Ermüden einen närrischen Tanz. Ein kleines Bücherbrett, das mehrmals umgefallen war, und das ich deshalb am Zeltpfahl verschnürte, begann mitzutaumeln und seltsame mimische Tänze zu vollführen. Ich kam mir vor wie in einem Zauber-Vexier-Kabinett. Wenn man vor dem Zelt saß und aß, konnte es sein, daß der Mittagswind die Suppe in Flocken vom Löffel blies.

Fast immer kreisten Adler über dem Tal, oft in gleicher Höhe mit meinem Zelt, oft sogar tiefer. Wenn sie gegen die Sonne anflogen, schien ihr Gefieder graurosa durch und ihre gefächerten Schwingensäume waren deutlich gegen das Licht zu sehen. Einmal standen neun dieser königlichen Schweber zu gleicher Zeit gegen das Seidenblau des mittäglichen Himmels.

Des Morgens sprang die Sonne aus den Apollon-Bergen Lykiens empor, lag schürend den Tag auf dem Zelt bis sie des Abends zwischen den blauen Inseln im rotübermalten Meere versank.

Ein anderes Mal wohnte ich, wie man selten in Griechenland wohnt: mitten im Wald. Die Insel ist wegen ihres Waldes berühmt, seit antiker Zeit. Das überraschende Waldgebiet liegt unweit des höchsten Inselberges, des Atabyros, an dem Höhenzug, der

Prophetenberg heißt. Dort ist weithin Wald, Hochwald, wie ich ihn sonst kaum irgendwo sah in Griechenland, mit Kiefern und mit Zypressen — nicht Zypressen der säulenhaft geschlossenen Art, die wir kennen und die es auch gibt, sondern der breitästigen, wie armbreitende Tannen.

Dort, zehn Minuten vom Gasthaus entfernt, bezog ich mitten im Wald eine kleine Steinbaracke; sie war derzeit nicht weiter benutzt. Das Häuschen war gerade recht für eine Einsiedelei, war geweißt und hatte einen geziegelten Boden. Möbel besaß es kaum und auch Fenster nicht, nur drei ungleich große Öffnungen, vor die Mückengitter gespannt waren. So strich der Waldatem über mich hin bei Tag und bei Nacht. Ein Schritt zur Türe hinaus und ich stand am steilen Berghang im grünen Zypressenwald. Ameisen liefen mir über die Schwelle herein. Tagsüber klopfte der Specht und nachts stoben Glühwürmchenschwärme aus dem niedern Gebüsch unter die hohen Kronen und den ewig glanzklaren Himmel.

Wenn ich unterwegs auf den Straßen der Insel war, vermied ich das Schnelle. Dem Zufall muß man die Chance geben, daß er einen beschenken kann. So begann ich meistens zu Fuß. Oft kam dann irgend ein Wagen, der mich mitnahm, manchmal bald, manchmal erst nach einigen Stunden. Gern fuhr ich auf Holzwagen, wo man langhingestreckt auf den Stämmen obenauf liegen kann. Es sieht von der Höhe alles gleich viel besonderer aus, der Sonnen-

fahrwind begeistert und man fährt in den Duft-
wolken von Zypressenholz.

Einmal, auf dem Weg zum Prophetenberg, saß ich,
um auf irgend ein Fahrzeug zu warten, in einem
sandigen Waldstück. Es war sehr heiß. Ich unter-
hielt mich eine Zeitlang damit, die Ameisenlöwen
zu ärgern, deren sandige Trichter überall standen.
Ein hinterlistiges Tier. Ich nahm für die Ameisen
Partei. Sie waren, wenn man ihnen nicht rechtzeitig
half, wehrlos gegen den Partisan. Sie rutschten die
steile Falle hinab, da saß er in der Tiefe verborgen,
nur die Spitzen seiner zwei Zangen waren gerad
noch zu sehen. Sowie er in seiner wegelagernden
Tiefe den Einbruch eines kleinen Vorbeikömmlings
spürte, wirbelte er Sand auf, das war um das Opfer
zu erschrecken und zu verwirren, dann packte er zu
und zog es hinab in den Schlund. Ich führte ihn mit
Halmen und Kiefernadelgekitzel in die Irre. Den
Rückweg mußte man ihm schnell untergraben,
wenn man ihn fassen wollte. Er sah wie ein Holz-
bock aus, wie ein Zeck, ausgeprägt Unterweltstier.
Mit der Zeit kam auf der Landstraße doch etwas für
mich. Langsam schaukelte ein Maultierkarren heran,
ein zweirädrig blauer. Zwei Männer, ein alter und
ein junger, saßen darauf. Sie hielten von selber und
luden mich zum Mitfahren ein. Sehr bequem war es
nicht. Der Wagen war voller Körbe, ich hockte gerade noch auf einem kleinen Eck dicht neben dem großen Rad. Es ging auch nicht sehr viel schneller als
vordem zu Fuß.

Viel ist gewonnen in Griechenland, wenn man die

griechische Sprache ein wenig versteht. Sie vergessen dann nie, einen zu fragen, wann und wo man denn das gelernt habe und wie gut und wie rein man es spreche, was in meinem Fall eine große Freundlichkeit war. Sie, die leidenschaftlichen Vaterländer, die eigentlich so wenig Grund zu nationalem Ehrgeiz haben, da ihrem Land ja mit Recht alle Ehre der Welt dargebracht wird, sind sehr empfänglich, wenn man sie spüren läßt, wie sehr man sie und ihr Land liebt. Ich erinnere mich, welchen Eindruck es machte, als ich ohne Absicht irgendwo einmal von der griechischen Insel Zypern sprach. Daß ich, der Nichtgrieche, wußte, daß Griechen auf Zypern leben, dafür hätte ich festliche Gastfreundschaft im Dorfe genossen, solange ich wollte.

Mit den Eselkärrnern hatte ich gleich ein gutes Gespräch. Der Vater war fünfundachtzig Jahr alt, vierzig davon war er Schwammfischer gewesen bei Kreta und an der lybischen Küste. Der schwere Beruf hatte sein Gesicht gezeichnet, es war ziemlich zerstört, sah bleigrau aus und kleine rotschwimmende Augen waren wie Wunden. Die Haut war voller Risse und alteingerissener Furchen. Bis in Meerestiefen von dreißig Metern müsse man tauchen, erzählte der Sohn, einen sechzig Kilogramm schweren Mühlstein im Arm, der an einem Seil hängt. Der Mensch saust mit ihm in die Tiefe, erträgt den furchtbaren Druck der Wassersäule, die über ihm steht und erreicht so den Grund; aufwärts geht es ohne den Stein. So erzählte der Junge, den Alten konnte ich nicht verstehen.

Das letzte Stück meines Weges lief ich zu Fuß den Berg hinauf, doch nicht die Kehren der großen Straße, sondern den steilen, sohlenreißenden Pfad. So erfuhr ich, ach, zum wievielten Mal, daß Steigen, und seis auch in Mittagsgluten, von Waldduft umweht, von Zikaden umschrillt und von Zauberblicken umstellt, am köstlichsten ist und die Erhobenheit schenkt, die mir so nur in Griechenland ward.

An einem Spätnachmittag stieg ich auf einen Gipfel des Prophetenberges. Ich lief die Waldstraße entlang. An einer Kehre verließ ich sie und lief ohne Pfad, über Felsen, durch Gestrüpp und Dornen zur Spitze hinauf. Zwischen Steinen blühte weißes Blumengebüsch. Der Wind trug mir einen Duft davon zu und ich sah, daß es Origanum war, Majoran, der mich an Mykenai erinnerte. Nie werde ich im Leben Majoran riechen, ohne in Mykenai zu sein, so wie mir Asphodelos und Tiryns zusammengehört und Anemonen und die Olivenhaine in Attika oder auf Kreta und blühende Granatapfelbäume und Rhodos. Ich freute mich, wie sich mir in Griechenland nun alles verwob: die Teppichfäden verschwanden und mit einem Mal waren sie wiederum da.
Die Welt lag im Abendgold, als ich auf den kleinen Gipfel gelangt war. Der Atabyros lag im grüngoldenen Duft, wie eine Frucht. Als hätte der große denkende Berg eine Aura von Weisheit um sich, so lag eine Folie von Silber um seine klare Kontur:

ein mitlaufender Streif, wie von einem Pinsel gezogen, der in Silber getaucht war.

Das Meer zog sich blauhauchend aus sich selber empor. Die näheren Inseln trieben sich scharenweise darauf umher, zwei größere mit einem Dutzend kleinerer Brut. Sie hoben sich als duftende Hügel aus dem Hellblau empor und waren vom zärtlichsten Violett.

Am Gegenufer tat sich das anatolische Bergland auf. Zu beiden Seiten der Schwammfischerinsel Symi gab sich das türkische Festland in zwei Vorgebirgsarmen aus; es entstand eine Bucht, deren Ende nicht abzusehen war. In immer lichter gestuftem Blau einzelner Bergzüge hintereinander war sie wie der Einlaß in ein Verheißungsreich: voller Magie.

Das Blau des Meers war von Gold und Rot überstäubt. Es war ein Abend in Glorie.

Gebe Gott, daß ich nie die Farben vergesse! lichteste Farben, vom Jenseits geholt! hingestrichen mit Silberfittichen, die kindliche Genien zum Malen benutzten, getaucht in himmlische Farbentöpfe! mit silbernen Kellen geschöpft, auf Silberpaletten gemischt und zubereitet mit flüssigem Licht! auf Himmelsfolie gemalt.

Es war gegen Abend, aber die Sonne war noch voll Kraft und die Ströme von Licht, tagsüber in den Himmel versandt, waren noch da als Echo im großen Gewölb. Die Welt war vollgesogen mit Licht, auch die Felsen waren trunken davon.

Die Vorstellung, daß jemand ein ganzes Jahr in

einem so gepriesenen Lande gewesen sei und dann doch noch so aussah wie vorher, beschäftigte mich. Er mußte doch gänzlich verwandelt sein, da doch sein Inneres behangen sein mußte mit Bildern südlicher Pracht und sein Ohr erfüllt von der tönendsten Sprache.

Nun hat mich mein Stern nach dem Süden geführt und ich hatte das dritte Jahr unter griechischer Sonne vollendet. Und wenn ichs bedachte, so mußte ich wohl bekennen, daß ich ein Verwandelter war, berauscht von so viel Bechern randvoll getrunkenen Lichts.

Auf Rhodos gewesen zu sein und nicht den Atabyros, den Zeusberg bestiegen zu haben, war nicht gut möglich. Erst wenn ich den höchsten Berg einer Landschaft bestiegen habe, habe ich das Gefühl, mir das Land zu eigen gemacht zu haben. Der Atabyros ist der Ahnherr der Insel, man sieht ihn von überall her: ein ganz kahler Berg von der gelbbräunlichen Farbe, die so vieler Verzauberungen fähig ist. Er ist wie von Weisheit umschimmert und gleicht einem Schädel, der vieles gedacht hat.

Wir brachen zwei Stunden vor Sonnenaufgang, um drei Uhr, auf und waren eine Stunde danach zu Wagen in Embonas, am Fuße des Bergs. Es dämmerte eben, es war auch noch inselkühl, so frisch wie es auf dem Festland im Juni nachts niemals wird.

Die ersten Bauern waren schon unterwegs. Wir trafen auch Alexandra, die die beiden Ärzte, die mit mir gingen, erkannte, mit lauten Rufen begrüßte und uns den Weg den Berg hinauf wies, indem sie im Sturmschritt voranging bis zum Ausgang des Dorfs. Sie trug, wie alle in Embonas, eine sehr hübsche Tracht, vorwiegend Blau und gesticktes Weiß und hohe weiße Schaflederstiefel bis über das Knie. Der Aufstieg war leicht. Der Weisheits-Alte hat nichts dagegen, wenn man sich seiner Höhe bedient und läßt einen gewähren; daß es in Fels und Dorn ein wenig mühevoll ist, ist nicht zu ändern. Es geht über Gestein, das vom Alter verschliffen ist oder zerhackt, wir stießen auf Porphyr. Von Schlangen, vor denen man uns gewarnt hatte, gelbe Sandvipern sollten es sein, sahen wir nichts. Eisenhartes Stachelgebüsch, Disteln verschiedener Art, blaukuglig mannshohe besonders, ritzten die Beine. Übrigens gingen wir bald ohne Weg, da der kahle Berg ganz und gar übersichtlich war, über Kuppen und Faltenzüge hinauf.

Die Sonne war noch sehr morgenschräg, als wir den Gipfel erklommen. Der Wind blies frisch, vom übereilten Meere gestählt.

Der Berg gehörte dem Zeus und wir stiegen ihm zu Ehren an diesem Tag. Wir suchten sein Heiligtum und fanden es leicht. Es lag nicht am obersten Gipfel, sondern wo es ein bißchen niedriger war. Am Hang war noch eine Mauer zu sehen, die eine Terrasse abstützte; vielleicht für ein Priester- oder Pilgergebäude. Droben gab es gewaltigere Mauern, eine Umgrenzung des Gottesbezirks und dann die Grundzüge eines größeren dreiteiligen Baus. Ein Tempel war da wohl niemals gestanden, unter all den Steinen war keine Säulentrommel und nichts von Gebälk. Nur Dachziegel in reichlicher Menge. Ein Opferstein war auch noch zu sehen, mit einer Rinne für das ablaufende Blut. Man soll viel Weihgaben für Zeus, kleine bronzene Stiere, hier oben gefunden haben.

Gleichviel. Sei vergangen, was vergänglich sein muß. Unvergängliches Göttergeschenk aber war es, auf diesem Herrscherthrone zu sein mit dem Blick auf das Land, auf die Inseln, eine hinter der andern in immer leiserem Duft.

Ich suchte Kreta mit Blicken. Es soll manchmal zu sehen sein. Diesmal verbarg sichs. Ich sandte ihm Grüße, dem Zeusland. Mein Herz war noch dort. Wird immer dort sein, noch lang nicht gesättigt. Hier ist es lieblicher, milder und schöner vielleicht. Aber wo ist die Urkraft, wo die schneeigen Ketten, von Orange-Gefilden belacht, wo die Hoheit des Ida, die sonnendurchwälzte Messara, Apollons Glanz auf den Weißen Bergen, das Geheimnis der Schlucht von Samaria? Kreta ist Urland; wer dies nicht gesehen, hat von Griechenland ein viel zu leichtes, heiteres Bild.

Wer vom Gipfel des Zeusbergs auf die Inseln im schwimmenden Dunst schaut, wie sie alle dem Meere entblühen, denkt an das Märchen, das Pindar von Rhodos erzählt.
Die Götter verteilten die Welt. Helios, der im Sonnenglutwagen über den Himmel fuhr, war nicht dabei, und keiner dachte an ihn und sein Teil. Als er kam und Jeder schon das Seine besaß, seine Städte, seine Tempel, seine opferqualmnährenden Altäre, wollte Zeus ihm zu Gefallen alles noch einmal verlosen. Aber Helios wehrte ab und erbat sich etwas Besonderes. Wenn er mit seiner Mittagstrahlkraft die Meeresgründe erhelle, so erblicke er eine Insel tief unten im Meer. Die wolle er gern besitzen, eine andere nicht, keine noch so mächtige Stadt auf dem Erdkreis, keine noch so fetten Provinzen.

Zeus befahl, und die Insel tauchte aus edelsteinerner Tiefe empor, schwoll und blühte heran, eine Wunderqualle, war da: und es war Rhodos.

Als wir ins Dorf zurückkamen, kehrten wir bei Alexandra ein. Sie war außer sich vor Vergnügen und brachte uns Harzwein, dazu frische Aprikosen. Es war freilich klar, daß die Herzlichkeit Alexandras nicht ganz ohne Absicht war. Sie besaß einen Sohn, der schwer auf der Lunge litt. Nun sollte einer der Ärzte bald wieder mit Spritzen kommen. Sie fragte mit Eifer danach.

Doch war ihre Berechnung ohne Falsch. Man muß erst in Griechenland lernen, wie gut das zusammengeht: Herz, das warm ist, obgleich es nicht ganz vom Rechnen läßt.

Hübsch war es bei Alexandra. Das Häuschen besaß nur den einen Raum, nach rhodischer Art. Sie hatte allerhand Teller, die ganze Wand war behängt, nicht zum Essen, nur zum Zeigen; wer auf sich hält auf Rhodos, der hat es so. Auch Decken und Kissen waren auf dem Hochzeitsbett bis zur Stubendecke gestapelt, sauber und hübsch bestickt, auch niemals benutzt, nur zur Schau.

Auf dem Tisch, wo dicht daneben ein Mann seine Mahlzeit aß, herrschte Seidenzucht. Alexandra betrieb sie auf dem offenen Tisch. Die Raupen, sehr häßlich, weißlich und fett, krochen über die Zweige, fraßen sie kahl und ließen dafür auf dem Tisch reichliche Mengen Unrat zurück. Die Kokons waren in einem Körbchen gesammelt.

Der kranke Sohn saß im Schaukelstuhl und lächelte unaufhörlich und müd. Es war ein hübscher Bursche, siebzehn, dunkel mit großen Augen und schneeweißen Zähnen. Die Krankheit hatte das Bauernantlitz geadelt. Ich erfuhr hinterher, es war ihm nicht mehr zu helfen. Der Arzt hatte ihm den Pneumothorax gemacht, aber die andere Lunge war auch schon ergriffen, es ging jetzt sehr schnell. Acht Wochen höchstens noch, sagte der Doktor auf Deutsch, indessen die Mutter erriet, wovon wir sprachen und aufmerksam auf die Mienen sah. Der Kranke wußte am wenigsten, wie es mit ihm stand. Aber auch die Mutter glaubte an Besserung und war voller Hoffnung, auch Maria, die jüngere Schwester, sehr schön und sehr still, voller Gesundheitsprangen.

Ich traf Jemanden aus Malona, der sagte mir, daß dort für den Sonntag eine Hochzeit angesetzt sei und sicherlich sei ich willkommen.

Ich fuhr hin und machte am Abend zuvor einen Besuch im Hause der Braut. Ich war sicher, eingeladen zu werden, wenn ich sagen würde, welche Freude es für mich war.

Das Haus der Lambros lag nicht im Dorfe selbst, sondern etwas außerhalb bei den Gärten, ganz einzeln, sehr schön. Es war ein weißer Würfel nach rhodischer Art, nußbaumbeschirmt und festlich gezeichnet durch eine hohe Zypresse, die wie ein Fahnenmast im Sonnenwind stand.

Ich betrat das weißummauerte Grundstück. Der Bruder und Hausherr war nicht daheim, aber die Braut, die alte Mutter und die größere Schwester, die Sewastulla hieß. Wir begannen ein Abendgeplauder und saßen im grünblauen Dämmerlicht an der Schwelle des Würfels. Ich, als Gast, auf dem Stuhl, die Mutter und die ältere Schwester kauerten auf dem Stein. Die Schwester war eigentlich reizvoller als die Braut, mehr Griechin, weltoffen, gewandt; ihre Güte war im Dorfe bekannt. Ihr dunkler und schmaler Kopf, der in ein blaues Schaltuch gehüllt war, hob sich vom Weißen der Wand in einem schönen Farbklange ab. Einmal erhob sie sich, ging in den Garten und kehrte mit zwei Stengeln Basilikon zurück, wovon sie mir einen gab. Ich kannte den Brauch. Basilikon, das Königskraut, duftet fast wie kölnisches Wasser.

Man hält es während des Sprechens, man spielt damit und erquickt sich. Es als ein Duftgeschenk dem Gast zu verehren, ist alte Sitte des Landes. Eine Gabe, wie klein! Der Wert ist, und so sollte es bei allen Geschenken wohl sein, ganz überdeckt von der Geste des Gebens, der Regung, die dazu treibt.

Während des Sprechens kam einmal die Braut, ein bäuerlich härterer Typ, unter die Haustür. Sie trug ein Schälchen in Händen, aus dem Räucherduft quoll. Es war glimmende Aloe. Die kleinen Schwaden wallten ins Abenddunkel hinaus. Sie schlug dreimal das Kreuz mit dem Räuchergewölk, um die schlimmen Geister der Nacht von der Schwelle des Hauses zu bannen.

Indes durchtropfte den Abend Grillen- und Zikadengezirp, das von tausend Baumästen silbrig rann. Auch rief der Steinkauz von fern und von nah. Ein Kauzen-Pärchen saß eine Weile ganz dicht auf der Gartenmauer, zwei viereckige Schatten. Sie starrten herüber, dann schrie es, das war wohl das Männchen, halb klagend und halb erbost, Holzflötenton, dann ruckte er plötzlich nach vorn, daß es schien, als säße er gar nicht mehr dort, nur noch die Gemahlin, versteint, und schrie so abwechselnd aufrecht und niedergeduckt. Es war, als zankte er sehr. Sewastulla bot Zigaretten und Masticha an und frischfleischige Feigen. Sie trug über die Schulter geworfen ein Jäckchen, was ihr gut stand und mir als etwas zu städtisch auffiel. Während des ganzen Besuchs ward ich nicht inne, so geschickt verbarg sie es, daß ihr ein Arm völlig fehlte.

Ich wurde zur Hochzeit geladen. Sie war, wie ich später erfuhr, schon einmal vor ein paar Wochen angesetzt gewesen, aber da war plötzlich einer der Brüder des Bräutigams ein wenig verhindert und zwar vom Gericht. Er war in irgend eines der unklaren Handelsgeschäfte verwickelt, die hier eben üblich sind und die Ehre nicht weiter beflecken. Die Brüder gingen während der Zeit, jeden Tag einer, reihum, den Tagesweg nach Rhodos hinein, um den Betroffenen zu versorgen und den Anwalt zu drängen. Der Bräutigam hatte vier Brüder. Sie hatten alle ein Handwerk und waren Musiker nebenbei: Violine, Santuri — das ist das Zymbal, eine Art Hackbrett —, Schlagzeug und Saxophon. Das erzählte mir Michael, der jüngste der Brüder, der mir am nächsten Morgen einen Gegenbesuch machte, um mich auch von Seiten seiner Familie auf die Hochzeit zu laden. Er erzählte mir auch, wie das bei ihnen sei: die ganze Familie, vier Brüder, die alte Mutter und eine Schwester, hielt aufs engste zusammen. Der älteste Bruder, Violinist und Herr von Familie, Kapelle und Haus, schlug in jedem Sinne den Takt. Sie arbeiteten alle zusammen und sparten zusammen, so lange, bis das neue Häuschen und der neue Anzug für den ersten beschafft war. Nun konnte der heiraten, sonst aber blieb alles beim alten. Jetzt eben wurde der zweite in Stand gesetzt und so sollte es bis zum letzten und jüngsten gehen, eben dem Michael, der mir das erzählte. Immer war es die ganze gesammelte Familienkraft.

Die Familie der Braut, Sewastullas Familie also,

war reich. Auch hier war der Vater schon tot, aber der einzige Sohn und Bruder, der Lambros, hatte Genie. Er besaß großen Geschäftsgeist und trieb mit Tabak und Fuhrwerkerei einen erfolgreichen Handel. Es sollte demnach eine richtige Dorfhochzeit sein.

Zwar freilich, auf eine Hochzeit im großen griechischen Stil solle ich mich nicht spannen, sagte Herr Kritikos, der vom Himmelfahrttag, der in Frankfurt gewesen war. Auf seines Bruders Hochzeit hätte ich sollen sein! Das habe Ausmaße gehabt! Er stammte nämlich von Kalymnos, das ist eine kleine Insel in der Nähe von Kos, die in dem Ruf steht, die klügsten Griechen hervorzubringen. Die Mehrzahl der Doktoren, Professoren, Ärzte und Großhändler Athens — so sagen die Inselbewohner — kommen aus Kalymnos. Ja, seines Bruders Hochzeit! Davon habe damals die ganze Aigais gesprochen. Er besaß ein großes Schwammfischergeschäft und heiratete damals ein Mädchen, das auch aus einer reichen Familie war. Sie habe tausend englische Pfund in die Ehe gebracht. Und gute, runde fünfhundert goldene Pfund, also die Hälfte davon, sei für die Hochzeit angesetzt worden. Soviel habe draufgehen müssen, auf jeden Fall. Die ganze Insel sei Gast gewesen, es habe von Samstag bis Samstag gedauert. Es habe aber auch alles gegeben, was gut und teuer war, frische Bananen aus Kairo und Orangen aus Sizilien mitten im Sommer und alles. Dabei waren, wohl zu bedenken, damals Zeiten, wo dortzulande das Ei noch nicht einen Pfennig gekostet habe, wo alles wie geschenkt war, in den guten Zeiten der dreißiger Jahre vor dem Krieg.

Fünfhundert Pfund also: für eine Freude, gepufft in die blaugoldene Luft, und von niemandem niemals vorher und nachher bereut. Das ist Griechenland. Das sind die Inseln.

So würde es jetzt in Malona freilich nicht sein.

Am Samstag Abend erging die Einladung ans Dorf. Es gab Einladungen zweierlei Rangs. Die Braut zog mit einer Schar geputzter Mädchen durch die weißwürfligen Gassen und teilte nach da und nach dort bunte Tütchen aus, in denen Süßes war. Das war die Einladung zum Fest. Manche bekamen ein Myrthen-Zweiglein dazu: das waren die engeren Gäste. Ich bekam beides. Die Mutter der Braut übergab mir den Zweig und fragte dabei: ist er noch ledig? Als ich es lachend bejahte, legte sie die Arme über Kreuz und rief voll Eifer: sti dikisu! für die deinige! damit ich auch bald ein Hochzeiter sei. Wie in Griechenland das Meiste, so ließ sich auch dieses Hochzeitfest Zeit. Ich sollte am Sonntag nach Tisch um ein Uhr ins Brauthaus kommen; ich dachte mir aber gleich, daß es bei der glühenden Hitze ein oder zwei Stunden später auch noch Zeit genug sei. In der Tat war ein Uhr nur eine oberflächliche Schätzung.

Um drei Uhr etwa trat der Bruder der Braut auf, Lambrianos Lambros. Er war dreiundzwanzig und dabei ein völlig entwickelter Mann und er war seiner Aufgabe als Herr eines hochzeitlichen Hauses spielend gewachsen. Er war eine gute Erscheinung, besaß ein gut geformtes, gebräuntes Gesicht mit wagenden glanzblauen Augen und schwarzem Kräuselhaar, das von weithin duftenden Ölen troff. Er war nicht die Spur gehemmt, über alles verbindlich, gewandt, und hätte, in einen Frack gesteckt, den besten Hotelhallen von Kairo bis Barcelona keine Schande gemacht. Er war, wie ich hörte, immer vergnügt, immer zur Freundschaft gestimmt und trug seine Offenheit etwas zu offen zur Schau. Man muß derlei Dinge richtig verstehn. Natürlich ist ein Grieche, wie man sprichwörtlich sagt, gern etwas unzuverlässig — oder auch nicht, wie man es nimmt. Zuverlässigkeit liegt eben manchmal auch darin, daß man sich auf etwas bestimmt nicht verlassen kann. Man muß es nur wissen. Es sind eben Odysseus-Enkel. Oft genug aber hat man Grund, das Maß der Menschlichkeit zu bewundern, an das sie sich gebunden fühlen. Die Summe des Guten und Schlechten in allen Völkern kommt sich sicherlich gleich.

Gegen vier Uhr kam die Sache in Fluß. Im Häuschen der Bräutigamsbrüder traf sich die ganze Hochzeitsgesellschaft. Als ich kam, war der kleinweiße Würfel ein Bienenhaus, vor dessen Einschlupf es schwärmte. Auf dem Vorplatz, der weißummauert war und von Wein überdacht, drängten sich zahllose Gäste. Am Weinstock saß die Kapelle. Es gab viel Musik. Zwei von den Brüdern waren unter den Musikern, zwei waren durch andere ersetzt. Einer bot reihum zu trinken an.

Das also war die erste Hochzeit-Station. Auf der zweiten, im Haus des Gevatters, sollte das Brautpaar hochzeitlich gekleidet werden. Der Festzug formierte sich, es war noch sehr heiß auf der Gasse, die Musik ging voraus. Danach trugen sie zwei Silbertabletts. Auf dem ersten war das weißseidene Kleid der Braut, weißseidene Strümpfe und Schuhe und der Myrthenkranz, auf dem anderen, sauber zusammengelegt, der Hochzeitanzug des Bräutigams samt dem weißseidenen Hemd und der weißen Krawatte.

Das Haus des Kumpari, das Patenhaus, lag in einer anderen Gasse. Es enthielt, wie alle anderen seiner Art, nur einen einzigen Raum. An der Wand ringsum war eine Reihe von Bildern gehängt, Reklamen von Schiffahrtgesellschaften und Luxusdampfern, eine Szene im Bois de Boulogne, eine badende Dame und eine Löwendressur. Der Raum war nicht groß, er vermochte gerechterweise sechs oder auch acht Personen zu fassen. In dieser Stunde jedoch enthielt er fünfzig bis sechzig Personen. Der Lärm, den sie machten, war ganz gehörig und die Hitze stieg zu beträchtlichen Graden. Es war wie ein türkisches Bad. Auch die Musik war zugegen, aber man hörte sie kaum. Ein gastfreundlicher Mensch zwängte sich durch, stieg über die Kinder hinweg und goß ohne Unterlaß Schnaps ein, indem er nach ländlicher Art den Daumen halb vor den Flaschenhals hielt, um die kleinen Gläschen nicht zu überschwemmen.

Die Gäste ordneten sich im Laufe der Zeit so, daß

die Männer auf der einen Seite, die Frauen drüben beisammen waren. Kinder krabbelten überall. Von der Menge der Frauen umhegt, wurde die Braut von Kopf bis zu den Füßen gekleidet. Auf unserer Seite hielten drei Jungen ein Tischtuch empor, hinter dem der Bräutigam sich verwandelte. Die Sitte verlangte, daß das Anziehen die Schwäger besorgten, Lambros und die Brüder in diesem Fall. Vielleicht war es das Mitsichgeschehenlassen, das im Angekleidetwerden eines Erwachsenen liegt, vielleicht auch ist es ein Zug aller Bräutigame am Hochzeitstag: der stattliche Mensch mit dem vollen Gesicht machte jedenfalls einen geopferten Eindruck. Die Bräutigamsmutter, die im dichten Gedräng nah bei der Musik auf einem niedrigen Hocker saß, dicht bei den paukenden, trompenden, ihr noch verbleibenden Söhnen, begann nun furchtbar zu weinen. Zwar hörte ich davon nichts, denn der Lärm im allgemeinen verschlang diese Äußerung persönlicher Art, doch sie bog sich vor Schmerz und vor Leiden, die Tränen strömten ihr übers Gesicht, sie warf sich vornüber mit wischenden Händen und sie genoß ihren Kummer gewiß. Von Abschied konnte die Rede nicht sein, der Sohn zog ja nur ein paar weiße Würfelchen weiter die Gasse hinauf, aber es gibt da für Mutterherzen Gesetze, wer kann sie ergründen. Im allgemeinen war die Brautseite drüben viel stärker erregt; Hochzeit ist ja vor allem ein Mitfest der Mädchen und Frauen. Mit Strenge und Ernst, ja hingenommen von Leidenschaft, betaten sich die Basen und Freundinnen mit der Braut und schmückten unablässig an ihr. Sie selbst war sehr rot und sehr derb; auch bei ihr schien es so zu sein, daß sie vor lauter Geschäft nicht zum Freuen kam.

Nur die gute und kluge Sewastulla behielt eine maßvolle Temperatur. Sie saß irgendwo droben und da sie mit ihrem einzigen Arm ja doch niemand zu Nutz war, sah sie gelassen und heiter und großschwesterlich gönnenden Blicks auf die tobende Feier hinab.

Es war im Lauf dieses Tags, daß ich ihr Unglück genauer erfuhr. Ich hatte geglaubt, ihr Fall liege weit in Kinderzeiten zurück, so aber wars nicht. Erst im vorigen Sommer war auf höhere Weisung eine landwirtschaftliche Maschine im Dorf eingeführt worden, in diesem griechischen Dorf, in dem man wie überall sonst nach tausendjähriger Weise säte, erntete und drosch. Da wurde ihre Hand von der neuen Maschine erfaßt, die weiterlief, und keiner war da, der sie abzustellen verstand.

Es war ein eindrucksvoller Moment, als die Braut inmitten des Trubels und Lärms von den Ihrigen Abschied nahm. Noch mehr aber, wie sie sich zur neuen Familie bekannte. Vor der alten weinenden Mutter, vor allen vier einzelnen Brüdern, vor allen Verwandten, einzeln, ja vor einem kleinen Jungen sogar, kniete sie hin bis tief zum Boden hinunter, mit Kußgebärden, wurde dann aufgehoben und küßte nun jedem die beiden Hände und schließlich die Wangen. Ich hatte den Eindruck, daß es eine Ergebenheitserklärung vor der neuen Familie war, ihr inskünftig zu dienen und sich ihrem Willen zu unterwerfen, wie es ja griechisches Frauenlos ist seit uralten Tagen.

Als wir aus dem Gevatterhaus wieder ins Freie durften, fand ich es kühl, obgleich es an sich noch recht heiß war. Die Dorfstraße war voll, jetzt ging es zur Kirche.

Die Kirche von Malona lag hübsch am Rande der Gärten. Auf dem Glockenturm, der gesondert stand, hing eine Traube von Buben, sie schlugen die Glokke mit einem eisernen Stab nach eignem Ermessen, das hieß also wild, wie bei Feuersgefahr, ohne die Spur von Regel und Takt.

Ich überlegte mir, wie es wohl mit dem Geistlichen sei. Er mußte doch eigentlich auf eine bestimmte Stunde bestellt sein, aber es schien alles ohne Zeitmaß dahinzutreiben. Niemand aus der Gemeinde nahm Rücksicht auf ihn, den Hirten der Seelen; er war wohl das Warten gewohnt.

Auch jetzt, als der Zug auf dem Kirchplatz war, die Sonne senkte sich schon, hatte niemand es eilig. Das ganze Dorf begann sich zum Kreise zu formen, in dessen Mitte ein Tanz stattfand.

Ich weiß nicht, ob das so Sitte war, daß der Pappas das Brautpaar aus dem Tanz herausholt, oder ob nur die Langmut des Priesters erschöpft war. Ich stand auf einem Mauerstück, von wo ich den Platz übersah. Da bot sich ein Bild, wie in diesem Land, das so von Alter erfüllt ist und dessen Bräuche Jahrtausende formten, sich oftmals großartige Bilder ergeben — von keinem beachtet, nur für sich da.

Der Priester trat aus dem Tor. Er war sehr bejahrt, das weiße Haar und der mächtige Bart flossen in Strähnen von ihm. Er war prächtig gewandet in leuchtendes Rot, das Haupt war bedeckt vom schwarzen Rundhut. Er trug ein großes gregorianisches Kreuz aus Silber hoch vor sich erhoben.

Der Goldstrom des Abendlichts fiel auf ihn und blendete ihn. Er schirmte sich mit der Hand.

Niemand beachtete ihn, man tanzte. So schritt er, verehrenswerte Gestalt, vom Lichte umflossen, langsam über den Platz auf die Festlichen zu. Eine Zeitlang verweilte er noch am Äußern des Rings, der das Tanzen umschloß; immer noch kümmerte sich niemand um ihn. Er gab langmütig noch etwas zu, dann aber war es doch Zeit, sich Geltung zu schaffen. Ich sah, wie er das Kreuz noch höher erhob und heftig zu schütteln begann und hörte ihn schelten. Da folgten ihm alle zur Kirche.

Die heilige Handlung wurde nun von dem greisen Priester vollzogen; ein gewisser Mangel an Feierlichkeit, der selbst in Rom schon dem Fremden auffällt, erwies sich auch hier. Der Arzt, der neben mir stand, erzählte mir, daß der Pappas schon fünfundachtzig Jahre alt sei herzleidend. Es gehe ihm aber jetzt wieder ganz gut.

Das Küssen der beiden zusammengehaltenen Ringe, die der Priester dem Brautpaar mehrmals von Mund zu Mund bot, das Darreichen des Kelches voll Wein und der Kuß auf das silberbeschlagene heilige Buch waren vollzogen, als die Rolle des kleinen Mädchens begann, das bisher, hellblau gekleidet und schönstens geputzt, hinter dem Brautpaar stand. Es war die Paranifi, das Nebenbräutlein. Das Kind hatte im Rücken des Paars auf einen Schemel zu steigen und die beiden Kränze in unaufhörlichem Wechsel und Tausch dem Bräutigam und der Braut aufs Haar zu drücken, was es mit rastlosem Eifer tat, bis ihm die erhobenen und ständig verschränkten Arme erlahmten. Die Kränze waren aus künstlichen Myrthen gemacht, hier, wo in den Hainen die Myrthensträucher, der Aphrodite heiliges Gewächs, über und über in Duft und in Blüte standen.

Zum Schluß der Kirchenhandlung bildeten Brautpaar, Verwandte und Priester einen fröhlichen Ring und zogen im Kreis, während von allen Seiten Händevoll eines Feldfruchtgemenges, Reis, Weizen, Sesam, siebenerlei, geworfen wurde; auch im Haarwald des Pappas verfing sich viel, denn den Kindern machte es mehr Vergnügen, auf ihn zu werfen als auf das Paar, dem dieser Fruchtbarkeitsegen eigentlich gilt.

Der Rest des Abends war Tanz. Es wird bis zum Morgen getanzt hier im Süden, wo die Nacht etwas anderes ist als bei uns, nur ein Übergang, ein anderer Zustand des Tags. Das Paar gehört sich in dieser Nacht noch nicht, erst in der nächsten. Der erste Tag ist zur Freude des Dorfes bestimmt. Es ist immer der Sonntag. Der Hochzeitmontag gehört den Verwandten, dem engeren Kreis, und der Familie zulieb bringt das Paar das Opfer der aufgeschobenen Nacht.

So geht es in üblicher Weise den Tag und die Nacht oder mehrere Tage und Nächte mit Essen, Trinken und Tanz an immer erneuten Plätzen des Dorfs, bis das Fest an seiner eigenen Sattheit erlischt und zusammenfällt wie verflackernde Glut.

Ich kam am Samstagabend zum Feste zurück, als der Tanz schon im Gang war. Es war auf einem kleinen Platz des Dorfes vor einer weißschimmernden Hauswand, die das Mondlicht befloß. Die Zuschauer hockten, saßen und standen im Viereck umher. Ein trockener, jetzt etwas kühlerer Wind fuhr von den Inselbergen herab.

Es war die große Susta: der kretische Tanz. Eine Kette von Tänzern und Tänzerinnen faßte sich an den Händen, der Erste führte das Ganze an. Er war der Kopf der Schlange, die hinter ihm tanzte, er war es allein, der Bewegung zeigte, er sprang vor und zurück, ging in die Knie, seine manchmal erhobene Hand war wie die Mündung eines elektrischen Stroms, der den Schlangenleib in Schlägen durchpulste; denn viel Figurenwerk hat der Tanz nicht. Es ist mehr ein Fibern; nur in Trippelschritten, nur im Zucken und Beben der Kette verrät sich die Leidenschaft, die die Tänzer beseelt und offenbar fasziniert. Die Leidenschaft bedient sich des Monotonen ja gern. So ist auch der Zuschauer anfänglich gelangweilt, dann aber gerät er in den Bann des seltsamen Tanzes und schaut ihm durch Stunden hin unverwandt zu.

Während sich so das Leben des Dorfs im Strahlenkern dieses Festplatzes fing, lag es da, so wie es immer die Nächte durchwachte, diese Nacht, alle Nächte des langwährenden Sommers. Ich lief viel durch die Gassen des Dorfs in diesen mondweißen Nächten und verirrte mich stets in dem weißen Würfelgenist, in den buckligen Gassen; die Häuschen waren tausendfach in einander geschachtelt. Der Mond überschmolz alles mit weißem, rinnendem Licht und fügte in eins, was, am Tage besehen, vielerlei war. Er erweckte das Lied dieses südlichen Dorfs, das davon handelt, daß es gut ist, das Irdische nicht zu wichtig zu nehmen. Es hob sich empor, dieses Lied, in die stumpfblaue Nacht, in den ewigen Vorrat von Blau, aus dem alles geschöpft ist.

Die Menschen saßen und lagen im Abend vor ihrem Haus auf den Schwellen und Gassensteinen, unbekümmert um Staub. Sie sprachen nicht viel, sie hockten und lagen und spielten mit Stunden wie mit den Holzperlenketten. Ich stieß auf Bekannte. Der Hirt vom Himmelfahrttag rief mich an, er war eine Nacht heruntergekommen ins Tal. Der Kleine vom Spiro, das kluge Kind, der in der Schule der Beste war, lief eine Zeitlang an meiner Hand. Die Hebamme, die gewaltsame, laute Person, saß auf dem Vorplatz, kochte zwei Täßchen Kaffee und lud ein. Roter Schein fiel vom Holzkohlenfeuer auf die weißen Mauern und Wände.

Ich lief weiter die krummen feldsteingepflasterten Gassen hinauf, sie waren wie Linienwerk eines Teppichs, verwirrend, solang man sie nicht übersieht, vielleicht aber daß man den Sinn im Laufe der Zeiten begreift. Das Dorf, das weiße, morgenländische Dorf, lag im Blausamt der Nacht und wenn die Sterne auch nicht so hell strahlten, wie ich das früher vom Süden gedacht, so waren sie eben doch Nacht für Nacht da und zogen ihre Schleuderbahnen über das Erdenwesen hinweg, das des Vergeblichen Bild war.

Drüben am Rande der Häuschen begannen die Gärten. Zypressen ragten schwarz über mondweißes Häusergenist.

Hör es und sieh, daß alle Menschen nur Überlebende sind und daß das Meiste, womit wir leben, Gedachtes, Geschriebenes, Gebautes, Getanes, Gefügtes, Erreichtes: alle Bildung und Form, von früher her ist. Alles erinnert. Alles Geschenke Verstorbener.

Das also war die schlaue und erfolgreiche Insel, das also war Kalymnos von der mir Herr Kritikos erzählt hatte. Hier also war die fabelhafte Hochzeit gewesen. Gewiß, dieses Inselstädtchen war hübsch und es müßte sich schon eine Weile da aushalten lassen.

Der Hafen lag im Morgenlicht da, ringsum von papageienroten, rosa und blauen Häuschen übertreppt und umrundet. Es war ein Bild, wie man es aus Portofino und sonst aus Italien kennt, man ist an Theater von Goldoni erinnert. Nur daß hier das eigentlich Griechische dazukam, das schwer zu beschreiben ist: etwas Karg-Sprödes gegenüber dem gewandten und schmucken Italien, etwas, das dem Unterschied zwischen Garten und Wildnis gleicht.

Eine Frau, die aus einem Mandelbaumgarten trat, bot mir gleich frische Feigen an, die morgens gepflückt am besten schmecken, wenn sie noch kühl sind und fest.

Die Insel, die aus Felsenbergen besteht, war querüber von einer Senke durchzogen, die von der Hafenbucht zu einer Bucht auf der anderen Seite der Insel führte. Dieser Talstreifen war, zwischen lichtüberatmeten, graurosa Felsen, ein südlicher Garten. Vom Scheitelpunkt dieser Senke blickte man nach beiden Seiten zum Meere hinab. Da war es, daß ich auf eine kleine Ausgrabung stieß. In eine frühchristliche Kapelle verbaut sah ich offenbar klassische Steine mit wunderbar griechischer Schrift. Auf einem marmornen Giebelstück, das jetzt verkantet dem Gemäuer einverleibt war, fand ich in einer längeren Zeile den Namen Apollons. Auch ein Fundament bot sich dar: entschlossen geschnittener, scharfkantiger klassischer Stein. Er bewahrte die Form. Leider sann ich vergeblich über den Zusammenhang der sichtbaren Reste.

Ich suchte weiter und fand mehr und mehr Steine mit Schrift, soviel ich erkannte, aus verschiedenen Zeiten, vorklassischer, klassischer und spätgriechischer Zeit. Es waren Weihinschriften auf Sockeln, deren Standbilder es längst nicht mehr gab.

Dreimal noch fand ich den Namen Apollons. Kein Zweifel, hier war ein Heiligtum des strahlenden Gottes, dessen Tempelstätten überall aufzusuchen mich beglückte. Sie schienen mir über das Land hin lichteste und erwählteste Punkte zu sein und unter sich in geheimem Verband. Der Ort hier war herrlich gewählt, ein Felsenthron über zwei Buchten, und erinnerte mich in gewisser Weise an Daphni in Attika, auf der kleinen Paßhöhe zwischen Eleusis und Athen, wo auch ein Apollon-Heiligtum lag. In meiner Freude, die mir der unerwartete Fund dieses Götterorts schenkte, war mir lieb, auf der Karte zu lesen, daß die Kapelle, in der die alten Bauteile steckten, Christos hieß. Wie damals auf Kreta in der Samaria-Schlucht, wo ich glaubte, einen Urort des Apollon-Kultes gefunden zu haben, sah ich die Heilandsverehrung auf den Schultern des antiken Apollon-Diensts.

An der jenseitigen Bucht lagen Fischer- und Bauernhäuser verstreut. Gärten waren ummauert, wohl wegen des starken Windes vom Meer.

Hinter einer der Mauern schien ein besonders üppiger Fruchtgarten zu sein. Baum stand an Baum. Granatapfelbüsche quollen, blütenbeflammt, über das Weiße der Mauer empor. Apfelsinenbäume standen voll grüner Frucht. Die schwersten Blaufeigen hingen am Baum und Pfirsiche von einer Größe und Lockung, wie ich sie nie im Leben gesehn, und Trauben von biblischer Schwere.

Ich wollte das Gartenwunder genauer betrachten, schlug mit dem Klopfer ans Tor und trat ein. Vor dem dürftig sorglosem Haus stand ein großer schattender Maulbeerbaum. Ein Mann saß darunter an einem eisernen, rostigen Tisch und frühstückte auf griechische Art: ein Täßchen Kaffee, ein paar Früchte, ein wenig Gebäck. Ich hielt ihn für einen Bauern, er trug ein zerrissenes Hemd und eine Arbeitshose und war seit drei oder fünf Tagen nicht mehr rasiert. Auf seinem Kopf saß ein kreisrunder Strohhut, wie man ihn nicht mehr trägt.

Etwas tiefer im Garten, weiter vom Schattenbaum weg, war der Brunnen. Ein Esel lief mit verbundenen Augen um ihn herum und drehte das Schöpfrad. Wenn er stehen blieb, schnalzte der Mann und klatschte in beide Hände. Da wußte der Esel, er paßt noch auf, drehte die langen Ohren im Kreis und lief wieder weiter. In diesem Moment kam aus dem Hause ein Kind, ein Knabe, vierjährig vielleicht. Er sprang zu dem Mann, nannte ihn Vater und nahm seine Hand. An diesem Kinde merkte ich erst, daß ich nicht bei einfachen Bauern war. Denn der Bub war sichtlich geflegt, hatte ein feines Gesicht und war artig geputzt. Der Mann erhob sich, empfing mich und fragte nach meinem Wunsch. Als er hörte, daß mich kein besonderes Anliegen zu ihm trieb, hieß er mich setzen, schickte den Buben ins Haus und ließ sagen, ich möge bewirtet werden. Die Frau erschien, brachte ein altmodisches Silbertablett mit Gläschen und zweierlei Schnaps und mit Pfirsichen wie aus dem Wunderland.

Zur Bewirtung gehört eine Konversation. Der Mann, den ich für einen Inselbauern gehalten, begann von Petersburg zu erzählen. Er hatte die Revolution von siebzehn erlebt, war mit letzter Mühe nach China entkommen, hatte in Peking weiter gehandelt mit Goldschmiedewaren, hatte Erfolg gehabt, wie es schien, kannte die großen Städte der neuen und alten Welt, war in den schnellsten Zügen der Erde gefahren, kannte die vornehmsten Hotels und war auf den größten Schiffen zu Hause gewesen.

Dann aber zwischen dem vierzig- und fünfzigsten Jahr, brach er dies Leben ab. Er besaß — ja, was besaß er — die seelische Kraft, dem, was er sich unterworfen hatte, der großen Welt, dem Erfolg, dem Gewinn, dem Ehrgeiz Lebewohl zu sagen und kehrte heim. Er stammte aus Kalymnos. Nun heiratete er, erst so spät, nun nahm er mit dem Unbequemen des Inseldaseins vorlieb, nun hörte er auf, sich zu rasieren. Arbeit war gut für eine Zeit des Lebens, nun aber nicht mehr. Luxus war gut, nun aber war anderes besser. Nun Heimat, Familie, Gartenstille, Händeklatschen und Schnalzen, wenn der Esel nicht mehr ums Schöpfrad lief. So wie er, saßen manche auf Kalymnos und viele, viele auf Kreta und den Inseln des Aigaischen Meers. Sie taten wie er.

So leben sie, ohne zu wissen, daß lange vor ihnen Theokritos, Horatius und Catullus gesonnen waren wie sie.

Lathe biosas! Lebe verborgen!

Antike Weisheit ist noch lebendig in ihnen.

Auf der vierten und obersten Tempelterrasse des
Asklepios-Heiligtums in Kos zu stehen, beglückt wie
nur irgend etwas im griechischen Land.

Auf dieser Terrasse stand der Asklepiostempel. Der
Tisch seines marmornen Fundaments ist noch da.
Von dort führen den ganzen Hügel hinab marmorne Treppen, über alle vier Terrassen hinweg. Sie
waren mit Säulenhallen und Krankenhäusern besetzt. Viel ist in Trümmern noch da.

Mit der Lust, die es gewährt, auf der Höhe von
Freitreppen zu stehen, blickt man über den marmor-
gestuften Berg. Inseleinwärts hat man die Zackenwand des Gebirges vor sich, an dessen Hängen die
Heilstatt liegt. Es sind Felsenwände, die dem Kar-
wendel nicht nachstehn. Meerwärts aber breitet die
Ebene sich hin. Ihresgleichen ist auf keiner anderen
griechischen Insel, nirgends liegt eine so weite, liebliche, fruchtende Fläche am Meer, denn die Inseln
sind ja alle nichts als Gebirge mitten im Meer.

Das also war die Heilstatt und Schule des großen
Hippokrates: immerhin ein Sternort der späteren
griechischen Welt. Ich hatte gerade gehört, daß sich
die Medizin wieder stärker zu dem überragenden
Mann bekennt, zu seiner Mahnung zum Beispiel,
kein Übel für sich allein zu behandeln, vielmehr
alles aus dem gesamten Bild zu begreifen. Auch daß
die jungen Ärzte noch immer den Eid des Hippokrates schwören, der mit dem schönen Bekenntnis
beginnt: Heilig und rein sei mein Leben und meine

Kunst. Nicht minder gefiel mir, daß Hippokrates vorschrieb, der Arzt müsse immer einen frisch gebadeten Eindruck erwecken und daß es empfehlenswert sei, daß er einen wohlgefälligen Duft um sich verbreite.

Als ich am andern Morgen die Landstraße lief, war es ein Weg durch einen einzigen Hain übervoll hängender Feigenbäume. Überall boten die Bauern an, sich vom Baum zu bedienen. Feigen sind zwei, drei Monate lang das Allerwohlfeilste. Getrocknet, wie wir sie kennen, ist es ein armer Ersatz. Die frische Feige ist erdbeerhaft süß, ihr weichsaftiges Fleisch gehört zu den besten unter den Früchten der Erde, vor allem am Morgen genossen, wenn die Kühle der Nacht noch drin steckt. Es ist eine richtig nährende Frucht und sie sättigt gewaltig. Es gibt unzählige Arten, jeder Baum trägt anders schmeckende Früchte. Auch in den Farben weichen sie ab, da gibt es grüne, mehr gelbe und die blauvioletten, die sicher die besten sind.

In der Stadt lernte ich einen griechischen Arbeiter kennen, der vor vierzig Jahren, also noch zu türkischer Zeit, unter einem deutschen Professor das Asklepion mit ausgrub. Er erzählte mir dies und jenes von den großen Augenblicken des Findens. Er hatte auch vieles gelernt und wußte sehr wohl zu unterscheiden zwischen älteren und jüngeren griechischen Mauern. Das Späte bedachte er mit abfälligen Worten, wie er es von den griechengläubigen Deutschen gelernt hatte. Während die Italiener, die später noch gruben, sich begeisterten, wenn sie römisches Mauerwerk fanden. Darüber konnte der Grieche nur lachen. Auch über ihre Sucht, alles wieder ein bißchen aufzubauen. Sein Professor, meinte er, hätte so etwas niemals getan, aber was könne man machen — ine pädia, es sind eben Kinder.

Die Stadt Kos besitzt ein neues Ausgrabungsfeld, das sich schon in gewissem Sinne mit Pompeji vergleichen läßt. So wie dort der Vesuv mit seinem Wolkenrauchschirm am Himmel steht, so blickt man hier zur Zackenwand des Inselgebirges empor. Man läuft auf römischen Straßen. In den Pflastersteinen ist noch die ausgefahrene Spur der römischen Wagen zu sehn, man sieht Wasseranlagen, Kanäle, die Heizung von Bädern und die große Palaistra, die von einhundertsechzig Säulen begrenzt war. Tempel, Opferaltäre, Kaufhallen. Man sieht die Ruinen von Häusern in großer Zahl, die Mauern stehen oft noch höher als mannshoch. Kos war damals eine reiche Provinzstadt zu römischer Zeit auf griechischer Erde.

Nur daß dies alles unbewegt ließ. Was eigentlich kommt bei Ausgrabungen dieser Art heraus? Vielleicht ein etwas billiges Staunen, daß sie dies und jenes damals also wirklich auch schon gekonnt und besessen haben. Komfortabel zu leben ist eine Kunst, die man hier und dort auf der Welt auch heute noch trefflich versteht. Die großen Grabungen in Griechenland aber geschahen nicht so sehr aus Wißbegier, als im Glauben an Griechenland, in dem

Glauben, der zu den schönsten Geheimnissen unserer Geistesgeschichte gehört.

Im Saal einer römischen Villa in Kos wurden sieben marmorne Standbilder gefunden. Der Ausgrabungsarbeiter zeigte mir die Stelle im Schutt, wo er auf die erste gestoßen war und noch jetzt war es sein Ärger, daß damals in allen Zeitungen stand, der Professor habe diesen bedeutenden Fund gemacht. Nicht der Professor: er! er!

Die sieben Marmorbilder waren etwa gleich groß und von der Größe und Art des berühmten Laokoon, der wie sie aus der Schule von Rhodos stammt und dem einst so sehr viel Begeisterung galt, während er uns nichts mehr bedeutet als ein dekoratives und spätvirtuoses Stück, dessen Maß schon das einer Zierfigur ist.

Das hervorragende dieser sieben neugefundenen koischen Stücke war ein Dionysos. Nie sah ich so unverhohlen das weibliche Element, das im Bild des Dionysos ohne Zweifel seit Urzeiten ist, ausgeprägt so wie hier. Neben der Allgewalt des zwingenden Gottes, seiner Rauschbereitschaft, seiner Genialität ist es diese Dosis weiblichen Stoffs, welche, der dominierenden Männlichkeit zugesetzt, das Künstlertum macht, dessen Inbegriff dieser Gott ist, — er, der einzige übrigens unter den Göttern, damit man nichts verwechsle, der keine Knabenfreundschaft besaß.

In dem marmornen Gruppenbilde von Kos stand links von dem Gott ein Bacchant. Rechts drüben war ein Säulenstamm, der sonst oft die Maske des Gottes trägt, hier aber war es ein kleiner kauernder Pan. Inmitten aber nun schritt oder tanzte und glitt der göttliche Trinker, schräg über die Szene. Während die Füße schon die rebenumrankte Säule beberührten, war die überschlanke Gestalt noch ganz dem Bacchanten entgegengewandt. Und doch war es nicht das Bild eines Trunkenen; das wäre im Vergleich zu dem was war, ein plattes Motiv gewesen. Das Geheimnis des Werks lag vielmehr in einem vagen Zauber, der sich genauer Bestimmung entzog. In dem Lächeln des rückwärts gewandten Gesichts, war Triumph und Verachtung des Gegenstands, war die Lust, die alle Schrecken und Abgründe kennt und sie überfliegt. War die Trunkenheit, die zwar auch der Wein schenkt, die aber vor ihm und ohne ihn die Begabung des ewigen Künstlers ist.

Auch Leros kann seine schönen Momente haben, gewiß. Ich sah es, als ich des Abends auf dem Gipfel des höchsten Inselbergs stand. Das Meer war von rotgoldenem Abenddunst überwölkt, in der Ferne, gerade noch zu ahnen, das blaubergige Naxos. In den Meerdunst nach Westen hinein führte die Glitzerstraße der niedergehenden Sonne, ein Lichtweg, der aus der Welt hinaus glitt. Die Berge von Leros und Kalymnos aber, rückwärts, der Sonne entgegengesetzt, waren goldüberstäubt.

Aber wie bei Menschen, so spricht auch in der Landschaft die Schönheit — was man so nennt — nicht das entscheidende Wort. Schön ist nicht schön, wenn es am Ausdruck ermangelt; das Schicksal auch eines Landes ist alles. Diese Insel war nie mit Geist und Geschichte erfüllt, nicht daß ich es wüßte.

Die Wirklichkeit konnte so leicht eine Enttäuschung
sein wie Kinderwege, wenn man sie wiedergeht.
Vielleicht würde Patmos nicht anders sein, als die
kleinen namenlosen Inseln ringsum: arm, kahl, fast
ohne Wuchs und fast ohne Bäume, fast ohne nährende Krume.

Das Boot lief flach übers Meer und wurde gehörig
geschleudert. Ein grüner Strudel trieb hinterdrein,
darüber Schaumwolkengischt, in der ein Regenbogen erschien. Das Aigaion ist sommers sehr stür-
misch, aber alles was wir mit dem Bild eines See-
sturms verbinden — grauer Himmel, Regengewölk,
trübe Sicht — fehlt. Alles ist gläserne Helle bei
heiter strahlendem Himmel. Von Stürzen der See
übernäßt sah ich ein, daß die Stürme, mit denen
Odysseus kämpfte, sich also in dieser gläsernen
Helle vollzogen.

Wir waren lang unterwegs. Es war Abend und
Nacht geworden, der Mond schien hell. Wir näher-
ten uns, nicht dem Hafen, sondern einer abliegen-
den Bucht. Da taten sich die Arme der Insel weit
auf, lange bevor wir Land erreichten, sah ich mich
angenommen in einem hohen, blaudunklen, mond-
beschienenen Ring. Es war ein großes Empfangen.

Ich schlief die paar verbleibenden Stunden der
Nacht unter einem Feigenbaum am kiesigen Strand.
Vor Sonnenaufgang wachte ich auf. Die Berge, die
Bucht und das Meer entrissen sich langsam der
Nacht. Es dämmerte. Von Stadt und Kloster war

nichts zu sehen. Ich nahm die Stunde wahr, stieg auf eine Bergspitze hinauf und erreichte sie, bevor die Sonne aufging.

Ich sah nun in die Falten der Insel hinein. Unter mir lag die Hafenbucht, weiße Häuser daran, tief friedliches Bild. Es war der Hafenort Skala. Von dort aus erhob sich, gerade im Gegenüber von mir, das Klostergebirge, kahl, felsig und braun, von Zickzackwegen durchfurcht. Um den Gipfel schneeweißes Häusergewimmel: Patmos, das Städtchen. Die Häuschen, die sich gegen den Berghang stemmten, schienen nach oben zu streben. Es war, wie es im Lied von Jerusalem heißt, eine hochgebaute Stadt.

Über die weißen Häuser ragte das berühmte tausendjährige Kloster. Es schien aus dem Felsen gehauen zu sein, fast fensterlos, steingrau, oben weißzinnengehöht. Die Mauern waren so steil wie ein vor Anstrengung hochgezogenes Gesicht, so voll Mühe. Mit allem von Menschen Gebautem, das ich in meinem Leben gesehen hatte, war es ohne Ähnlichkeit; vielleicht daß es mit tibetanischen Felsenklöstern vergleichbar war.

Die Sonne ging auf. Über den anatolischen Bergen öffnete sich ein rotgelber Schlund. Die Kettensäume der Küsten und Inseln kamen in hyazinthenen Flor. Die Mykale, wo Polykrates am Kreuze sein Glück verbüßte, war nordwärts zu sehen.

Alles war still, der Morgenwind rauschte ein wenig ums Ohr. Ziegengeläut kam herauf und ein und der andere Hirtenruf.

Pax in bello.

Die weißen Häuschen fielen nun in eine rosaleuchtende Farbe. Darüber das alte starrende Grau und die weißen Zinnen waren auch vom tagjungen Schein überflammt. Hundert und tausende Male waren sie so erglüht — ausgeglüht nun.

Die Insel Patmos, die ich nun übersah, war kaum bewachsen und gelbbraun verbrannt. Aber wie Schicksal eine Landschaft verändert: was auf Leros nur wüst und erstorben schien, war bei Patmos Weisheit, Verachtung des Wandels und ein Starren des Felsens in die Zeiten hinaus.

Nur Berge sah man, Ebenes kaum, und einzelne weiße Häuschen, wie vom Himmel niedergeflockt, im Braun der verbrannten Hänge und Höhen. Das Meer in Buchten, tief eintönig blau. Alt war diese Insel; sie hatte ein greisenhaftes Gesicht. Die Berge waren zu alt, um sich noch mit Grün und Gewächs zu schmücken. Über den Ehrgeiz waren sie, ach wie lange hinaus. Ihr Alter zeigten sie hin und jede einzelne Runzel, fast wie zum Hohn.

Ich sah nun auch, daß diese Insel nichts war als der Rand eines alten Vulkans. Der Bergzug im Halbkreis, der uns in der Nacht so empfing, war nur die eine, stehengebliebene Hälfte des Kraterrunds. Von den im Meer versunkenen anderen Teilen sah man noch ein paar Spitzen aufragen als Klippen.

Am Nachmittag dieses Tages lief ich hinüber nach Skala und von dort den Häuserberg zum alten Kloster hinauf.

Ich kam an, schritt durch die Gassen der winzigen Stadt, durch weißes Gewinkel, bis dort, wo der Einschlupf ins Felsengemäuer des Klosterbaus war. Ich trat ein. Wie bei einer Festung war da ein wehrhaftes Tor, mit Pechnase sogar, und ein schräger Zwingeraufgang in beidseitigen Mauern.

Dann wurde es licht. Da war ein grausilberner Hof, nicht groß, ohne Regel; offenbar war von uralten bis in neuere Zeiten immer wieder dazugebaut worden. Nur wenig ausgeschnittenes himmlisches Blau war darüber gespannt, nur ein viereckiges Stück des seidenen Zelts.

Es war Samstag und Spätnachmittag. Die Mönche hatten die Vesper. Da, unter den Säulen, schien der Eingang zur Kirche zu sein. Mönchsgesang hallte heraus.

Ich trat herzu. Es war eine jener Minuten, um derentwillen man wandert und sucht und wohl überhaupt lebt. Ich blickte schräg durch die Säulen und durch die Kirchentür ins Innere des heiligen Raums. Es war als blicke ich in eine Goldschatztruhe hinein. Ein Schrein war das mehr als ein Raum, so wie man es in Venedig hat und in Italien auch sonst: kleinodige Räume, aber ganz voll zellenstarker Gewalt. Der Raum unter dem Kuppelrund war recht klein; die alten byzantinischen Kirchen sind nur für den Klerus, nicht für das Volk.

Dunkelglühender Glanz. Gewölbe und Flächen waren mit uralten Bildern bemalt, Kerzenrauch hatte sich nach und nach auf alles gelegt und alles ähnlich gemacht; Zeit macht Verschiedenes gleich. Schnitzwerk war ins Feinste verzweigt und ganz übergoldet; das Holz schien wie das eines alten Musikinstruments. Von der Decke hingen Lüster herab, viele; es war ein Gewisper kristallener Kanten. Der Boden, aus buntem Marmor, war längst nicht mehr plan, war dunkel, als habe sich von dem Weihrauchgewölk durch die Jahrhunderte hin ein Niederschlag auf die bunten Steine gesenkt.

Bauen heißt Licht einfangen: das Kostbarste des Raums war das Licht. Es war ein purpurn ambrosischer Schein, der die Sicherheit gab, ganz und gar innen zu sein.

Weiter ist nichts zu berichten von diesem Hineinblick, der nur schräg und teilweise war, nichts, was erklärte, warum mich diese Minute ergriff. Vielleicht noch, daß ich undeutlich Mönche erkannte, die im Ablauf der heiligen Handlung vor und hinter sich schritten und daß ihr Gesang, wie durch Stoff halb erstickt, zu mir drang. Nichts sonst, womit sich begründet, daß mich diese Minute durchrann wie eine geschöpfte Handvoll am Quell.

Als die Vesper beendet war, kamen die Väter im Zug aus der Tür. Der Älteste, es war nicht der Abt, sah mich an; es war ein Zögern dabei. Dann sagte er den griechischen Gruß: Kalos orisate! Willkommen!

Kalos sas vrika! antwortete ich: gut find ich Euch vor. Der Satz, der formelhaft ist und mit dem ersten zusammengehört wie die Ränder eines gebrochenen Stücks, wirkte wie ein Erkennungswort. Daß ich griechisch sprach und also mit griechischem Wesen vertraut war, änderte viel. Er breitete mir die Arme entgegen und hieß mich von neuem willkommen.

Als ich anderen Tags wiederkam, sah ich die Schätze des Klosters. Es waren Geschenke aus allen Teilen der griechisch-katholischen Welt, aus dem alten Rußland besonders. Schöne Mitren, Filigran mit Perlen, Smaragden und Saphiren besetzt, schwere goldene Kreuze, türkisengeschmückt, gestickte Stolen, uralte Seide, Hirtenstäbe. Einiges war an die tausend Jahr alt. Wir verweilten lange dabei und sahen nicht alles. Die Väter waren voller Geduld. Auch die Bibliothek nahm uns auf. »Psyches iatron« stand über dem Eingang: Heiltrank der Seele. Wie lang war ich nicht in solchem Gehäus, das mit Büchern bestellt und von ihrem Gespräche erfüllt war! So griff ich denn wieder einmal Pergament, geglättetes, feines, mit schönen Miniaturen, sah die Blätter einer purpurgefärbten Bibelhandschrift, mit Silberbuchstaben beschrieben, fünf oder sechshundert Jahre nach Christi Geburt. Es waren auch antike Steine, Götterhäupter und Marmortafeln mit Schrift aufgestellt. Ich erfuhr, das tausendjährige Kloster stehe auf dem Grund eines Artemistempels. Eine griechische Tafel sei in die Wand einer Klosterzelle verbaut. Ich bat, mich dorthin zu führen. Die Tafel schien zu berichten, Orestes habe den Tempel gegründet, als er, von der Erinnyenqual des Muttermordes verfolgt, Iphigenie, die Schwester, aus dem rauhen Tauris entführte.

Obgleich ich in den folgenden Tagen mehrere Male wiederkam, begriff ich nie den verworrenen Grundriß des seltsamen Baus. Die Felsenmauern waren einfach mit Gebautem bis obenhin angefüllt wie ein Topf; Schächte gaben dem Inneren Licht.

Auf den flachen Dächern aber ließ sich gehen und weilen; das war am Morgen, am Mittag und Abend ein immer größeres Wunder. Die einzelnen Dachbereiche waren durch Treppchen verbunden, manchmal ging es hinunter und dann wieder Stufen hinauf, von einer Terrasse zur andern. Alles war blütenweiß, auch Gänge und Treppen; man kalkt die Dachflächen, um das Innere kühler zu halten. Auch weißes Glockengestühl war da; die metallenen Münder hingen frei überm Tal, über der Insel, dem Meer.

Da man so ganz im Weißblendenden stand, schien auch die Ferne traumhaft, voll lichter Magie; sie blühte wie aus Lilienkelchen hervor. Eine silbrige, sphärische Welt, gemacht aus der Bläue des Himmels, der Bläue des Meers und dem dunkleren Blauhauch der Inseln.

Im Hafen zog ein Segelboot ein und ließ auf

dem Wasser eine auseinanderstrebende, schwalben-
schwanzförmige Spur.

So waren die Gesichte Johannis also aus Sonnen-
gluten geboren, nicht aus Nebel und Nacht! Aus
Mittagsmagie! Aus diesem Meer sah er das Tier
heraufkriechen mit sieben Häuptern, Hörnern und
Kronen, sechsfach geflügelt, den Leib mit Augen
bedeckt! Viele Bilder dieser Weltuntergangsdich-
tung waren ganz aus der Nähe genommen. Das
gläserne Meer, Kristall, mit Feuer gemenget: das
war in Abend und Morgen oft genug da. Erdbeben,
Feuer vom Himmel, Inseln verschwinden, ein großer Berg fährt brennend ins Meer: das sind in diesem vulkanischen Teil der Aigais Ereignisse, die
sich immer, auch jetzt noch, ereignen. Erinnerung
ist in jedem Geschlecht. Heuschreckenschwärme?
Ich hatte in diesem Sommer auf Rhodos genügend
gesehen. Die Qual vom Skorpion, der den Menschen schlägt, Sterne vom Himmel zur Erde fallend
wie der Feigenbaum seine Früchte abwirft im
Sturm: lauter Bilder, die dort voller Gegenwart
sind.
Doch woher die Angst? Sie ist seit damals nicht
von den Menschen gewichen. Schon Johannes sagte:
die Zeit ist sehr nahe. Und sah nicht Dürer die
apokalyptischen Reiter in den Gewändern seiner
eigenen Zeit? Und sehen nicht wir auch die Tage
gekommen, in denen wir die schreckliche Kelter des
Zornes Gottes erfahren?
Woher die Angst, auf antiker Erde gerade, wo es

eben noch, wenige Zeit zuvor, geglückt war, die Seele in Frieden zu halten? Wo die Götter sich vor das Gorgonenhaupt stellten?

Der Frieden war nun für lange dahin.

Es wäre noch zu berichten von einer Stunde, in der ich mit dem Abt und den Vätern von Patmos am langen Tisch saß und sprach.

Es war Nachmittagszeit, und das Zimmer des Abts war von Helle und Hitze durchpfeilt. Durch die kleinen, tiefgelaibten Fenster wehte ein sonnenbeladener Wind. Inmitten des tierhaft geschachtelten Baus war dieses Zimmer ein verborgenster Raum. Doch übersah man alles von dort: perlmutterne Weiten und das Sonnenfunkengespinst auf dem Meer, Inseltupfen und ferne Festlandgestade.

Der Abt war leidend, und ich hatte ihn vordem noch nicht gesehen. Die Väter saßen und schwiegen und gaben dem Abt die Ehre des Worts. Nur manchmal, und dann gewöhnlich zu mehreren, fielen sie ein. Ein Diakon brachte ein Nickeltablett mit Gläschen voll Masticha-Schnaps.

Das Gemach war ein bißchen unwohnlich und kahl, die wenigen Möbel von abgelegt europäischer Pracht. Ein Sofa von grünem Plüsch und Sessel, die abgedient waren. Über dem Ruhebett hing eine kreuzstichgestickte Stramin-Arbeit mit dem Zuruf Kalimera! Guten Morgen! Im erblindeten Spiegel steckten Fotografien. Es war, wie es in griechischen Behausungen oft ist. Von Liebe zum Hausrat war wenig zu spüren und nichts von der Liebe, die dann die Dinge erwidern. Es war, als sei man nicht eingerichtet für lange Zeit, nur wie zu flüchtig kurzem Verweilen. Es war, als wünsche man sich dem Irdischen nicht zu fest zu verknüpfen, wo wir uns törichterweise mit tausend güldenen Kettchen dem Dasein verbinden.

»Aber nicht nur das,« so hätte der Abt sagen können, wenn wir ein Gespräch dieser Art geführt hätten, was unnötig war, weil der ehrwürdige Mann, lebendiges Bild, selbst Antwort war auf so viele Fragen, »nicht nur, daß wir all diese Dinge für gleichgültig erachten und nach Besitz, Gewinn und Erfolg nicht jagen. All das bindet ans Leben. Es ist alles vermeidungswürdig, was den Anspruch des Lebens vermehrt. Es schafft Unruhe der Seele. Auf die Ruhe der Seele aber kommt alles an.«

»Doch dieselben Übel: Leidenschaft und Unruhe, erzeugt auch der Geist. Er erzeugt sie noch mehr! Wenn schon so einfache Dinge, wie es der Gelderwerb ist, die Seele in Unruhe bringen: wie hundertfältig größere Gefahren bringt erst der Geist! Um wieviel bedrohter muß ein Leben da sein! Da fängt erst die tiefe Unruhe an. Da ist die Qual, die das Unerreichbare schafft. Da ist Enttäuschung, da sind falsche Wege, Verzagen, verlorener Trost. Da endet der einfache Glauben.

Wer die Seele kostbar macht wie ein goldenes Gefäß, muß erfahren, daß sie auch verletzlicher wird. Wer sein Herz an das Zarteste hängt, wird es um so leichter verwunden; wer feinere Wünsche webt, wird schon von einem Windhauch bedroht. Wir aber wünschen nicht die Pendelschläge von Unglück und Glück und nicht das Steigen und Stürzen. Wir wünschen das Gleichmaß, die Ruhe. Wir leisten Verzicht auf Denken und ewiges Fragen. Auch auf die Kunst und ihre ängstliche Pein, auf Bücher, auf Philosophie.«

»Auch auf Philosophie?« wollte ich fragen. »Höchst seltsam! Hier auf dem Inselberg, den die Menschheit verehrt, hier wo die Offenbarung sich herbeiließ in goldenem Strahl, hier im Antlitz der Küste, wo die Philosophie dem Meer entstieg, hier verachtet man jetzt Philosophie aus Philosophie?«

»Ja,« sagte der Abt. »Denn es gibt keine neuen Gedanken, es gibt wirklich keine. Neu scheinen Wahrheiten nur zu sein, wenn nach einigem Schlaf sie Leidenschaft wieder durchströmt. Dann werden Ideen wieder geglaubt, dann scheinen die uralten neu, nie dagewesen und jung. Dann kommen sie auf den Markt. Dann verlassen sie das Haupt dessen, der sie gedacht hat, und entgleiten dem Kreis der Wenigen — aber alles Große, mein Freund, ist nur für die Wenigen gedacht. Dann wälzen sie sich im Staub. Dann kommen sie in die Hand der Täter. Die Täter aber sind immer eng und beschränkt. Dann wird, was rein war, mißverstanden und endlich mißbraucht. So ist es immer, denke an Christos oder an wen immer du willst. Es gibt keine Wahrheit für sich, es gibt nur geglaubte, gewollte, verkündete Wahrheit die also gepaart ist mit Leidenschaft.

»Wir aber wünschen nicht Leidenschaft und nicht Taten. Wir wünschen nicht Taten! Wir wünschen die Ruhe der Seele.«

»Es ist schwer für mein abendländisches Ohr« erwiderte ich, »sehr schwer, das zu hören. Wir sind belehrt, daß es das Beste sei, tätig zu sein. Das sei das Kreuz, der Verzweiflung entgegenzuhalten, damit er weiche, der Satan. Ein Jeder von uns hat sein Tun. Ohne das würde er lieber gleich den Freunden ins Schattenreich folgen, den vielmals geliebten.«

»Ein freundlicher Wahn,« sagte der Abt. »Aber ist es nicht euer Verderb, ewige Täter zu sein? Immer meint ihr, von euren Taten hänge Wunder was ab. Ist das nicht euer Abgott und Baal, euer goldenes Kalb? — Weisheit und Geduld! Das ist reineres Gold als Taten!«

»So wollt ihr verachten, was die ganze Menschheit gedacht und getan hat,« rief ich, »all das Wissen und Können, Naturgeheimnis, Gesetz der Sterne, Weisheit des Arztes, Chemie, gebaute Dome, Bilder, Verse, Musik? Wer will das verachten?«

»Verachten würden wir nie,« wehrte der Abt. »Eifer und Fanatismus sind uns nicht lieb. Wir vermögen es sogar zu verehren: du hast ja gesehen, wie wir unsere Schätze und Bücher behüten. Indessen, in solchen Dingen selbst tätig zu sein — wir sind darüber hinaus. Ein Jeder von uns, auch der Jüngste, hat dreitausend Jahre im Blut. Auch der einfachste unserer Bauern, der seinen Weinacker gräbt, ist darüber hinaus. Soviel hat er im Blut, soviel weiß er vom ewigen Wellenschlag von Verlust und Gewinn. Es ist alles kindlicher Eifer, und Spiel, der Mühe nicht wert.«

»Und sehen wir nicht, daß aus eurem Tun das Ruhende mehr und mehr flieht? Ihr fragt nach Erfolg. Wer nach dem Erfolg fragt, verrät. Das ist der Grünspan und Rost, der alles zersetzt. So ist euch viel heilige Flamme verrußt und viel Salz wurde euch dumm.«

»Weisheit und Geduld, das fehlt eurem Tun. Aber es ist kein Leben gekrönt, das diese nicht hätte zum köstlichen Kern.«

»Agnosia!« rief er dann aus, »Weisheit, verharrend in Unwissenheit! Höchstes Glück, das ein geborenes Wesen erreicht! Nur noch geboren zu sein, nur noch Gottesgeschöpf: das ist das größte irdische Ziel.«

»Immer werdet ihr wie die Irrenden in der Wüste im Kreise geführt. Erst wenn ihr nichts mehr sein wollt als Kreatur, dann erst werdet ihr aus dem Irrkreis entlassen.«

Die Väter saßen am langen Tisch, vergruben die Hand in den Bärten und träumten tagträumend im weltüberhobenen, heißen Nachmittagslicht. Die winzigen Gläschen voll Masticha gingen im Kreis. Sie standen vor größeren Gläsern voll Wasser auf dem Nickeltablett und füllten sich immer von neuem. Langsam, wie griechische Bewirtung sich gerne vollzieht, kamen auch gastliche Bissen dazu, schwarze Oliven, lockeres Brot, weißer Käse, Stücke gebratenen Fischs.

»Vielleicht sagst du, unser Leben sei voll Eintönigkeit?« begann wieder der Abt. »Ach, das sind europäische Worte. Ihr kennt nicht den wohligen Gleichklang verströmender Zeit, nicht den Tropfenfall unmerklicher Stunden. Ihr kennt nicht das Glück des Glockenschlags, der wiederkehrt, ohne daß etwas geschah. Ihr kennt nicht den Fall in die Räume der Zeit, die wie Kugelschalen immer hintereinander liegen.«

»Deshalb haben wir uns erwählt,« fuhr er fort, »nicht zu handeln und nicht zu tun. Wir bauen nichts, so stürzt uns nichts ein. Wir verleugnen das Leben, wir verleugnen die Zeit. Wir wissen, daß Zeit das Einzige ist, was wir auf Erden besitzen, aber wir werfen den Reichtum mit vollen Händen von uns. Wir sind nicht vergangen, nicht kommend. Wir sind das Enge der Sanduhr, durch das es fließt. Wir sind das Stillstehn des Pendels am äußersten Punkt. Wir verleugnen das Leben. Wir wollen nichts als ein handbreites Schweben über der Ruhe des Grabs. Wir gehen über das Leben hin, wie man über ein Lavafeld geht: behutsam. Wir wissen, daß unter uns Glühendes ist. Wir sind froh um jeden Schritt, den wir hinter uns brachten.«

»Tage — ein flatternder Vogelschwarm über den Himmel dahin! Jahre — wie dürre Blätter im Wind! Leben — ein leichter Schlaf, wie ein Traum, den man vor dem Aufwachen träumt, bunt wie die Wirklichkeit, aber wesenlos, und die Vernunft tut nichts dazu. Aufgewacht, weiß man nicht mehr, was es war. Nur, daß der Nachklang einen erquickt und man weiß, daß man geträumt hat. Es ist keiner von uns, der sich anderes wünschte.«

Er schwieg.

»Freilich, sehr Heiliger und sehr Weiser!« erwiderte ich, indem ich die Anrede gebrauchte, die dem Abt eines griechischen Klosters gebührt. »Freilich ist Grund, euch zu beneiden. Ihr hört uns wohl stöhnen und wißt, wie es aussieht bei uns zu Zeiten.«

»Wie sollten wir nicht,« antwortete der Abt, »uns ist Vieles bewußt. Der Betrachtende weiß immer mehr als der Täter, ich sagte es schon.«

Ich kannte das Erstaunliche der griechischen Weltkundigkeit aus tausend merkwürdigen Fällen. Immer, wenn ich auf Berge kam oder in einsame Täler der Peloponnes oder auf abgelegene Inseln, war die Kunde von etwas Neuem schon da. Abgeschiedenheit paart sich auf eine Art, die echt altgriechisch ist, mit wachem Ohr und listigem Sinn. Ich zweifelte nicht, daß durch den Einschlupf des Klostertors Nachrichten aus aller Welt rannen wie Tropfen an einer schrägen Schnur.

»Wie sollten wir es nicht wissen,« sagte also der Abt. »Wir sahen es immer vor Augen. Jetzt ist es da. Gewiß nicht zum ersten Mal in der Welt und gewiß nicht zum letzten, aber doch wie niemals zuvor. Es ließe sich wenig erwidern, wenn einer sagte: was jener Johannes sah, reicht nicht an das, was jetzt geschieht in der Welt.

Das aber sah er, daß das Schlimmste dem Menschen vom Bruder geschieht. Erinnere dich: wenn die ersten vier Mal die Posaune ertönt, sind es Naturgewalten. Da ist es das Feuer, der Sturm, zusammenschlagende Wasser, Erduntergang und der Hunger, wie er jetzt wütet im Land und alles gelb macht und dörrt. Dann aber bläst es zum fünften Mal und es kommen die Flügelrosse heran durch die Luft wie große Heupferde. Es heißt aber ausdrücklich, der Lärm ihrer Flügel war wie das Getös, der Streitwagen — wer denkt nicht an euere Flugmaschinen? Und es heißt auch besonders: sie hatten das Ansehen von Menschengesichtern. Und es heißt: in jenen Tagen werden die Menschen den Tod herbeisehnen und ihn nicht finden. Sie werden zu sterben verlangen, aber der Tod zieht sich vor ihnen zurück. Und dann kommt der furchtbare Engel und rollt den Mühlstein vom Berg ins Meer und ruft: So schnell dieser Mühlstein rollt und so tief er versinkt, so wirst du versinken und gründlich vergessen werden, du große Stadt, so daß keiner mehr weiß, wo du warst. Und irren sie jetzt nicht in den Städten umher und finden die Straßen nicht wieder, die sie tausend Male durchschritten?«

»So kommt das Schlimmste dem Menschen in menschlicher Maske. In der Maske: darauf lege den Ton. Denn es kommt immer maskiert. Mord heißt Tugend. Die meisten, auf sich selber gestellt, lieben Mord und Gewalttat nicht und würden von sich aus nichts dergleichen beginnen. Aber man hat ihnen die Selbstbestimmung geraubt. Das ist ihre Schuld, daß sie die sich rauben ließen, ihre Krone,

ihr Gold und ihr Edelgestein! Mit lauter Unfrei-
willigen feiert Satan sein Fest, mit Freiwilligen
nicht. Das ist sein größter Triumph. Alles ist um-
benannt. Die Worte sind schlecht geworden, es ist
ihnen nicht mehr zu trauen. Auch sie sind maskiert, Feinde in eigener Brust, die Menschen aber
hielten sich immer an die Worte: Treue und Opfer
und Glauben, da schien ihrem halbschlafenden Ohr
der Zuruf wie Schall aus vergangenen Zeiten und
sie kamen herbei. Ihr dämmersüchtiger, dumpfer
Sinn folgte ohne zu prüfen. Dummgeworden das
Salz auch hier.«

»Es ist doch nicht genug, daß das Herz gutwillig
sei! Es muß auch hell sein und klug und klar wie
die Glocken! Das ist es, was du in unserem Land
wohl ein wenig öfter findest, als es anderswo ist: ein
kluges Herz. Scheint es euch nicht vereinbar zu sein?
meint ihr, es gibt nur ein Herz, das gutgläubig ist
oder herzlosen Verstand? In Wahrheit ist nichts so
nötig, wie das zusammen zu haben: ein kluges
Herz.«

»Wir sehen mit Schaudern in eure Welt. Sollten wir
handeln, wo wir sehen, daß durch Taten herbeige-
führt wird, was gar niemand will? Taten, gutge-
meint oder schlecht, sind immer zweigesichtig, wie
alles, was das Reich des Gedachten verläßt und hin-
austreibt aufs schwankende Meer der Folgen. Jede
Tat ist Abfall vom Geist.«

»So handeln wir nicht. Wir sind das Auge des uralten Felsens, das starrt in die Welt: ein schlafloses
Auge, das wacht. Wir hüten nichts, denn es ist

nichts zu bewachen, unwert ist alles. Wir können nichts hindern, also fördern wir nichts. Wir sahen es immer kommen. Jetzt ist es da.«

»Und glaubt ihr, weniger Schuld zu haben, weil ihr nicht handelt?« fragte ich ihn.

»Wer spricht von Schuld,« sagte der Abt. »Nicht einmal der in der Apokalypse. Wir alle sind schuldig.«

»Griechische Inseln«, eine bisher nicht veröffentlichte Arbeit Erhart Kästners, aus der Zeit seines
Griechenlandaufenthaltes während des Krieges, ist
unvollständig geblieben. Es fehlen noch, so ver-
merkt er nach der Rückkehr aus der Kriegsgefangenschaft 1947 in seinem Manuskript — »Thera,
Milos, Naxos, Paros, Mykonos, Delos, Ithaka«.
Die Tatsache, daß er diese Aufzeichnungen bis zu
seinem Tode unberührt ließ, läßt vermuten, daß er
das Manuskript — zumindest in der vorliegenden
Form — nicht veröffentlicht hätte, weil er sich
scheute, es unvollständig und nicht überarbeitet in
Druck zu geben.
Der Autor war von Natur ein Wanderer, und in
allen seinen Werken blieb Griechenland das Urthema, das er immer wieder neu vertiefend umkreiste. Es ging ihm dabei freilich weder um das
archaische, das klassische, hellenistische noch um
das byzantinische Griechenland, überhaupt nicht
um ein Bildungserlebnis, sondern um die lebendig
gegenwärtige griechische Landschaft, in der er die
Vergangenheit wie Schichten eines geologischen
Aufschlusses zu Tage stehen sah. Man könnte zum
Vergleich die Bilder des Malers Werner Gilles an-
führen, von dem Kästner einmal schrieb, Gilles habe
immer wieder einen neuen Weg versucht, einen
neuen Stollen in den selben Berg getrieben, immer
von einer anderen Seite her.
Der Leser wird bald feststellen, daß Erhart Käst-

ners frühe Griechenlandbilder in ihrer ursprünglich gebliebenen Form, die jetzt seinem Gesamtwerk hinzugefügt werden, heute noch genau so lebendig sind, wie er sie damals sah und erlebte. Sie sind Zeugnisse einer Liebe auf den ersten Blick und Ausdruck einer ebenso traditionellen wie existentiellen Sehnsucht nach dem Ursprung des europäischen Geistes.

INHALTSVERZEICHNIS

insel taschenbücher
Alphabetisches Verzeichnis

Der Plan zu dieser Sammlung von Volkslyrik entstand
1804 im Kreis der Heidelberger Romantiker. Der erste
Band erschien 1805 in Heidelberg, Band 2 und 3 1807
in Kassel.
Des Knaben Wunderhorn ist die erste umfassende
Sammlung von deutscher lyrischer Volksdichtung der
letzten drei Jahrhunderte. Sie steht unter dem Einfluß
von Herder, Ossian, Percys Sammlung und Bürger.
Des Knaben Wunderhorn betont national-pädagogisch
das altdeutsche Wesen und die alte Kultureinheit und
steht so im Zusammenhang mit der nationalen antina-
poleonischen Einheitsbewegung der Romantik. Der
größte Teil der Sammlung stammt aus alten Drucken,
Almanachen und Büchern. Neben echten Volksliedern
enthält sie viele alte und neue Gedichte in volkstümlich
schlichtem Ton. Goethe, dem die Sammlung gewidmet
war, in der Jenaischen Zeitung (1806): »(das Wunderhorn habe seinen Platz) von Rechts wegen in jedem
Hause, wo frische Menschen wohnen.«

Die Bezeichnung ›Manessische Handschrift‹ wurde von
J. Bodmer eingeführt. Sie bezieht sich auf eine große
mittelhochdeutsche Liederhandschrift, die, wie man
früher annahm, von Rüdiger Manesse in Zürich zu Be-
ginn des 14. Jahrhunderts angelegt wurde. Sie enthält
ca. 7000 Strophen von über 130 Minnesingern. Die
Minnesinger werden im Bild vorgestellt. Bodmer gab
zuerst einen großen Teil der Handschrift unter dem
Titel »Sammlung von Minnesingern aus dem schwä-

bischen Zeitpunkt« 1758/59 (2 Bde.) in Zürich heraus.
Der Insel Verlag brachte im Jahre 1925 (bis 1927) zum
erstenmal den Codex Manesse in einer Faksimile-Aus-
gabe heraus.
Der it-Band stellt die schönsten Gedichte und Bilder
in einem Querschnitt durch die große Ausgabe vor.

it 89
Nachtwachen
Von Bonaventura
Herausgegeben von Jost Schillemeit
Mit einem Essay zum Autor des Buches und
Anmerkungen
Illustrierte Ausgabe
Selten hat ein literarisches Werk Leser und Literatur-
wissenschaftler so stark beschäftigt wie die »Nacht-
wachen. Von Bonaventura«. Wie alle pseudonymen
Werke reizte es die Neugier der Zeitgenossen und
Nachkommen. Das 1804 erschienene Werk schrieb man
zunächst Schelling zu, weil er zufälligerweise einmal
im Tieckschen Musenalmanach zwei Artikel unter dem
gleichen Pseudonym veröffentlicht hatte. Später wur-
den als Verfasser E. T. A. Hoffmann, Friedrich Gottlieb
Wetzel und Clemens Brentano vermutet.
Dem Braunschweiger Literaturwissenschaftler Jost
Schillemeit ist es 1971 gelungen, den Verfasser der
»Nachtwachen« zu identifizieren: es war der Braunschweiger Dichter Ernst August Friedrich Klingemann
(1777-1831).

it 90
Sindbad der Seefahrer und andere Geschichten
aus 1001 Nacht
Aus dem Arabischen von Enno Littmann. Mit Illustratio-
nen von Gustave Doré u. a.
»Die Geschichte von Sindbad dem Seefahrer« ist inner-
halb des Zyklus die Geschichte, die in der 536. bis 566.

Nacht erzählt wurde. Enno Littmann hat diese Geschichte nach dem arabischen Urtext der Calcuttaer Ausgabe von 1839 übersetzt.

Hugo von Hofmannsthal schreibt in seiner Einleitung zu der Gesamtausgabe von 1001 Nacht: »Wo hatten wir unsere Sinne, als wir dieses Buch unheimlich fanden! Es ist ein Irrgarten, aber ein Irrgarten der Lust. Es ist ein Buch, das ein Gefängnis zum kurzweiligen Aufenthalt machen könnte. Es ist, was Stendhal davon sagte: Es ist das Buch, das man immer wieder völlig sollte vergessen können, um es mit erneuter Lust immer wieder zu lesen.«

it 91

Das große Lalula und andere Gedichte und Geschichten
von morgens bis abends für Kinder
Herausgegeben von Elisabeth Borchers

»Hier ist ein Lesebuch, wie wir es uns wünschen: Texte von Hebel und Morgenstern, von Brecht und Oscar Wilde. Da sind Märchen mit kurzen, deftigen und faßlichen Pointen; da können sich Kinder an Jandls kauzigem Gedicht ›ottos mops‹ amüsieren; kleine pfiffige Merkst-du-was?-Geschichten. Da wird einfach ein Satz von Karl Kraus hingestellt, ein märchenhaft schöner Satz, Morgensterns Lautgedicht ›Das große Lalula‹. Was das Buch mit zu einer Freude macht, ist die glänzende, drucktechnisch höchst phantasievolle Aufmachung, voll der entzückendsten kleinen alten Holzschnitte und Vignetten, die verschiedensten Schrifttypen.« *Süddeutsche Zeitung*